Si potrebbe andare a Stoccolma

Simone Pensieroso

Introduzione di Giuseppe Pensieroso
Cartine a cura di Marianna Gregorio

ISBN 978-1-4478-2514-2

Nota dell'autore

Per motivi di lavoro mi sono trasferito a Stoccolma nell'agosto del 2007 e ci ho vissuto fino all'aprile del 2010. E' stata un'esperienza incredibile, unica ed indimenticabile, resa tale dai tanti amici conosciuti che hanno vissuto o tuttora vivono lì. Uno di loro, Marco, è solito dire che "Chi è stato a Stoccolma, a Stoccolma sempre tornerà"perché è molto facile innamorarsi di Stoccolma: se la vivi, ti ammalia e ti cattura. Ti sequestra un pezzetto d'anima, in un' immagine estesa del concetto di "sindrome di Stoccolma".

A tutte queste persone, incontrate durante i miei due anni e mezzo di esperienza scandinava, è dedicata questa guida.

Non si tratta di una guida turistica, non dà i numeri utili o i consigli su dove pernottare negli alberghi in base alle categorie di prezzo, ma presenta quella che è stata la mia Stoccolma ed un modo alternativo di visitarla, cercando di far conoscere quella che è la cultura svedese in modo da vivere la città ed amarla come io l'ho amata.

One day an old wiseman said: "Stockholm is a magic city, dont' stop believing in it"

Un giorno un vecchio saggio disse: "Stoccolma è una città magica, non smettere di credere in lei"

4

Sommario

Introduzione (di Giuseppe Pensieroso)

Quando atterri a Stoccolma il tempo cambia. Voli costantemente sopra le nuvole ed il sole, che ti accompagna per l'intero percorso, ti illude che anche là sotto sia bello. Ma quando l'aereo attraversa quelle nuvole che sembrano batuffoli di cotone dandoti l'idea di poterci atterrare sopra, il cielo si scurisce ed improvvisa sotto di te appare una distesa di alberi e laghetti. E in un attimo sei a terra, su una pista circondata da boschi.

Il sole che tramonta nel primo pomeriggio tratteggia il mondo con colori nuovi e diversi. Arrivi al centro di questa città tipicamente nordica, signorile nelle sua architettura e decisamente affascinante per la sua ubicazione, frastagliata in tanti isolotti collegati da ponti: Stoccolma sorge praticamente sulle acque e trovare subito il senso d'orientamento non è semplice. Un buon modo di visitarla è proprio dal mare, a bordo di barche che negli inverni più freddi non riescono nemmeno ad attraversare i canali per lo strato di ghiaccio che li ricopre.

Una città cinque volte più piccola di Roma è servita da una metro cinque volte più lunga, dove le linee blu, rossa e verde si diramano in molteplici capolinea e dove ogni stazione è decorata a tono, assumendo perfino le sembianze, ironica provocazione, di un sito dell'antica Roma. Al visitatore curioso di conoscere la mentalità svedese, la capitale offre interessanti attrazioni, prime su tutte il Vasamuseet, costruito interamente attorno al famoso vascello vichingo affondato anni addietro proprio nel giorno della sua inaugurazione e lo Stadshuset (il

Municipio), dove i premi nobel celebrano i loro riconoscimenti con la sontuosa cena annuale nelle signorili sale del palazzo. Ci sono poi il Nordiska museet, lo Junibaken dedicato all'inventrice del personaggio di Pippi Calzelunghe, ma soprattutto lo Skansen, un vero e proprio museo all'aperto, dove dentro casette colorate vengono ricostruite le tradizioni popolari e ricreati i lavori manuali più affascinanti. Sorgendo dentro un vero e proprio parco, un'abbondante sezione del suo percorso è dedicata agli animali. Si possono ammirare renne, orsi bruni, lontre, foche, bufali, lupi. E proprio i parchi sono i luoghi più belli e rilassanti della città. Oltre allo Skansen, anche il Djurgården e Hagaparken regalano spazi di verde immensi, dove le mamme scandinave si rilassano spingendo i loro passeggini.

La Kaknästornet offre una vista dall'alto della città mozzafiato che la sera assume contorni che sfumano verso l'infinito. La parte antica della città è invece tutta racchiusa nel quartiere della Gamla Stan che si percorre a piedi con piacere, passando da una stradina all'altra, scoprendo angoli nascosti e poetici, birrerie e negozietti, vicoli stretti e casette colorate, fino all'imponente palazzo imperiale, dove guardie impettite marciano a protezione delle sale delle armi e del tesoro e si danno il cambio sfruttando coreografie ogni volta diverse.

Gli svedesi sono un popolo pieno di contraddizioni. Si ucciderebbero pur di fermarsi per farti attraversare in prossimità delle strisce pedonali, sono gentili e rispettosi, ma poi sputano per strada, sono chiusi e si ubriacano. Lo sport ufficiale consiste nel bere birra lungo tutto il weekend, per vincere la timidezza e perforare quella difficoltà relazionale che li vede distanti da ogni rapporto umano. Per divertirsi hanno bisogno di alcool, manca loro l'anima latina e caliente di italiani e spagnoli: sono algidi, freddi e ottusi, ma soprattutto non chiedere loro di risolvere un problema. Se vuoi mandarli in tilt quello è il modo giusto. Sono talmente programmati e rispettosi delle regole che qualsiasi cosa fuoriesca dai loro schemi li manda in crisi e loro ti guardano con gli occhi sgranati ed un'espressione atteggiata ad attonito stupore.

Il cibo è quello che è: un ottimo salmone e nulla più. Piatti pesanti e pieni di roba, salse assurde, dolci che sono macigni difficilmente digeribili, anche se le vetrine delle pasticcerie sono decisamente invitanti. I negozietti tipici offrono chincaglieria varia e tra la futile oggettistica svettano i cavallini blu e rossi, i trolls in miniatura, gli elmi e le armi vichinghe che rimandano alle leggende nordiche di Odino, e le magliette gialle della nazionale svedese con il nome di Ibrahimovic stampato dietro.

La Stoccolma del turista è questa. Ma dietro il sipario, oltre l'immagine dei depliant turistici, esiste un'altra Stoccolma, più intimista e personale. E' quella di chi l'ha vissuta e di chi la vive, di chi ha cercato di comprenderne l'aspetto ed il carattere, calandosi nella realtà dei suoi cittadini e del suo popolo. E' la Stoccolma che si cerca di presentare in questa guida, una città tutta da scoprire, apprezzare, amare. Una città che, a ben guardarla, lascia un'impronta magica nel cuore. "Dai, andiamo a Stoccolma !".

Stoccolma, perché no?

Potresti chiedermi: "Perché andare a Stoccolma?". Ti risponderei: "Perché no?" La traduzione in svedese sarebbe: "varför inte?", un termine che a Stoccolma in realtà non significa solo "perché no". A Stoccolma infatti un gruppo di italiani ha fondato una compagnia teatrale amatoriale dandosi proprio questo nome. La loro è stata una sfida di successo: ci volevano provare...perché no?!...e ci sono riusciti, portando sul palco quattro diversi spettacoli a cui un pubblico sempre molto entusiasta ha partecipato e applaudito. Il gruppo va avanti guidato da Roberto, che lo ha fondato nel 2009 (insieme a Christian, ora emigrato). Ogni anno nuovi elementi si aggiungono. Per capire cosa ci sia dietro la parola varför inte puoi navigare tra le pagine del sito internet del gruppo: http://www.myspace.com/varfor_inte.

Perché no?! Non solo i Varför inte si sono fatti questa domanda. Tanti altri italiani si sono chiesti se fare di Stoccolma la propria casa. La comunità italiana qui è enorme: ci sono ricercatori, medici, architetti, insegnanti, ristoratori, un'insieme di persone che ha creato una seconda Italia in terra svedese.

"Per ora siamo qui. Poi si vedrà" dicono Giusi e Davide nel loro blog (http://siamoastoccolma.blogspot.com/). Ricco di notizie, curiosità, foto e fatti riguardanti la capitale scandinava è anche il blog di Mauro (http://www.boffardi.net/). Tutti loro vivono a Stoccolma. Ci sono persino un istituto di cultura italiano, (l'Italienska Kulturinstitutet) (http://www.iicstockholm.esteri.it/IIC_Stoccolma) e ben due associazioni culturali italiane, l'Associazione Caravaggio (http://www.caravaggioitafore.se/Caravaggio/Caravaggio.html) e Il Ponte (http://ilponte.se/). I numeri sono impressionanti, la Svezia piace agli italiani e tanti, tantissimi di loro, decidono che è in Svezia che vogliono vivere.

Uno sguardo alla società svedese

Molti italiani hanno scelto Stoccolma perché è una città in cui si vive bene, la società è ben organizzata, il lavoro c'è ed i diritti per chi lavora sono riconosciuti e rispettati. La politica sociale è ben sviluppata ed avere dei figli non solo non crea alcun problema a livello lavorativo, ma addirittura porta a notevoli agevolazioni e vantaggi. Un paradiso dunque? Non esageriamo! Ogni medaglia ha il suo rovescio e ogni pro ha il suo contro. La Svezia può sembrare il paradiso, ma può rivelarsi un inferno. Dipende dal tuo approccio nei suoi confronti, da cosa ti aspetti da lei e dal peso che dai ai vari aspetti della vita.

C'è una differenza fondamentale tra il popolo italiano e quello svedese da cui credo derivino tutte le altre differenze piccole e grandi: l'elasticità mentale. L'italiano ha una enorme elasticità mentale, mentre l'elasticità mentale di uno svedese è generalmente nulla. Questo, come puoi immaginare ha delle conseguenze sia negative che positive, ma in base all'importanza che ognuna di queste conseguenze ha per te la Svezia potrà sembrarti un paradiso (come alcuni italiani che vivono lì affermano) o un inferno (come altri italiani che vivono lì affermano).

Non avere elasticità mentale significa che il Paese è governato da determinate regole, tutti seguono queste regole e, conseguentemente, tutto funziona alla perfezione o quantomeno tutto funziona in maniera perfettamente conforme alle regole.

L'elasticità mentale invece ti porta ad interpretare le

regole e a dare loro una diversa scala di valori. Non tutti quindi seguono le regole e, conseguentemente, non tutto funziona; anzi, a volte, non funziona proprio niente perché ognuno segue le proprie di regole.

Ma se provi a porre un problema ad uno svedese lo vedrai andare nel pallone, del tutto incapace di risolverlo. Con maggiore probabilità te lo risolverà un italiano, sempre pronto a ragionare, riflettere e capire quale possa essere la soluzione migliore del problema stesso.

Lo svedese fondamentalmente si fida dello Stato, perché lo Stato è leale nei suoi confronti e gli impedisce letteralmente di avere problemi, che non saprebbe risolvere. La fiducia di un italiano nei confronti dello Stato invece è inesistente, perché lo Stato, in Italia, i problemi non li risolve, ma li amplifica, o almeno è questa la sensazione, per cui l'italiano i problemi se li risolve da solo, e a modo suo.

Capisci ora perché uno svedese è contento di pagare tasse elevatissime, quali sono quelle svedesi, mentre un politico italiano, per ottenere voti, deve promettere un abbassamento delle tasse stesse. Lo svedese paga molto e vede tradursi in servizi le sue tasse. L'italiano invece pensa che lo Stato lo stia derubando: cerca allora di evadere le tasse, pagarne meno. Elabora, pensa, ragiona ed alla fine, pagando meno, pensa di aver vinto, almeno finché non è costretto a confrontarsi con una palese insufficienza dei servizi.

Questa visione fa apparire l'italiano molto stupido. Eppure vorrei chiederti: se sono le due di notte, fa freddo e trovi il semaforo rosso. Ma soprattutto se ti accorgi che non c'è un autoveicolo nel raggio di cinque chilometri: secondo te è più stupido aspettare che scatti il verde o, per una volta, passare con il rosso? O se arrivi ad un concerto con cinque minuti di ritardo per cui il concerto è già iniziato ti sembra intelligente che ti impediscano di entrare perché sei arrivato con cinque minuti di ritardo?

Elasticità mentale.

Credo che la ragione di questa enorme differenza culturale tra italiani e svedesi derivi da una ragione storica. L'Italia è sempre stata un crocevia di popoli, un paese eterogeneo conquistato a fasi alterne da dominatori di ogni tipo. Questo ha determinato lo sviluppo e l'affinarsi dell'arte di arrangiarsi, perché era questione di vita o di morte! Tale atteggiamento credo sia entrato a far parte del DNA degli italiani. Ognuno di noi, nel suo piccolo ha una sua arte di arrangiarsi e, sotto giustificazioni di ogni tipo, che possano mettere la coscienza a posto, ognuno di noi ha contravvenuto o contravviene costantemente a delle regole: alzi la mano chi non ha mai scaricato illegalmente musica da internet ("eh ma quanto costano i CD !"); alzi la mano chi non ha mai superato un limite di velocità con l'auto ("eh...ma quaranta all'ora è un limite assurdo...quella è una strada a due corsie !"); alzi la mano chi non ha mai sbirciato il compito del proprio vicino di banco per non prendere un'insufficienza a scuola ("eh ma se non prendo 6 stavolta mi bocciano !").

A volte scontrarsi con la cocciutaggine svedese può farti impazzire: difficile che uno svedese chiuda un occhio su un ingresso vietato, difficile che un autobus che ha già messo la freccia per ripartire, aspetti te che stai arrivando di corsa alla fermata, difficile che un pub che chiude alle due di notte ti faccia entrare per una birra all'una e trenta, perché se alle due c'è scritto che chiude vuol dire che alle due il gestore esce, gira la chiave nella toppa del suo negozio e se ne va a casa.

Ad alcuni italiani questo rigore piace perché in Italia si vive l'estremo opposto. Per altri italiani, questo stesso motivo invece rende impossibile la vita in Svezia.

L'estremo rigore svedese non è solo una caratteristica del viver civile, ma anche della vita sociale e credo che anche questo sia una conseguenza della maggiore o minore elasticità mentale. Una mente aperta comunica anche più facilmente, e si mostra aperta, per l'appunto, alle emozioni. L'italiano è passionale, ride, piange, vive senza trattenere le proprie emozioni. Lo svedese invece è chiuso, timido, parla poco e ascolta molto: vive nascondendo le proprie emozioni. A loro piace identificarsi nel termine svedese "logom" che può essere tradotto all'incirca con il termine "moderazione". Loro si definiscono moderati e morigerati. Ma anche questo non è del tutto vero: anche loro sono esseri umani in carne ed ossa e, nonostante vivano in una società così chiusa, hanno bisogno, a volte, di liberarsi e lasciare uscire le loro emozioni. Ma per farlo, necessitano di una spinta dall'esterno: l'alcool. Bevendo litri e litri di birra, tantissimi svedesi, non solo tra i più giovani, riescono a trovare la disinibizione e vivono weekend di "mediterraneità" ridendo, urlando, comportandosi senza regole, liberando insomma tutta l'umanità che tengono rinchiusa durante la settimana.

Fatti un giro in centro città un venerdì sera di paga nel mese di luglio e ripercorri le stesse strade un lunedì sera di metà gennaio. Vedrai due città completamente diverse e persone che, pur essendo le stesse, non sembrano neanche lontani parenti.

Le quattro stagioni di Stoccolma

La gente di Stoccolma dunque appare molto diversa a seconda del giorno della settimana, ma anche dell'orario o del periodo dell'anno. E non solo le persone, ma anche tutta la città, in effetti, cambia volto da una stagione all'altra. Le ore di luce e la temperatura variano enormemente tra estate e inverno: e così cambiano i colori, le luci, i suoni. Tutto.

Una visita completa di Stoccolma allora richiederebbe ben quattro viaggi in questa città: uno in estate, uno in autunno, uno in inverno ed uno in primavera.

Autunno

L'autunno a Stoccolma inizia molto presto: già da metà agosto le foglie degli alberi ingialliscono ed a settembre è un tripudio di colori: giallo, rosso, arancione e marrone. E' un momento effimero ed infatti, dopo poche settimane, gli alberi sono del tutto spogli e pronti ad affrontare nel loro letargo il lungo inverno, mentre enormi tappeti di foglie morte tappezzano i parchi e le vie della città. La malinconia della stagione è sottolineata dal rapido accorciarsi delle giornate e, molto spesso, dal grigiore del cielo e da una pioggia battente,fine e costante.

Gli svedesi sanno bene che sta per arrivare il lungo inverno, salutano il sole che sempre più raramente appare tra le nuvole, e si fanno malinconici.

Il giorno di festa più importante della stagione è

Ognissanti, l'1 novembre. Come in Italia, è tradizione, per gli svedesi, recarsi nei cimiteri per trovare e pregare i propri defunti. La celebrazione dei morti è un evento particolarmente commovente nel cimitero Skogskyrkogården (metro verde, fermata Skogskyrkogården), che è stato eletto patrimonio mondiale dell'UNESCO. Qui, la notte del primo novembre, la collina all'interno del cimitero viene riempita di lumini. Emozionante. Passeggiare per il parco inoltre può essere molto piacevole e rilassante e magari chissà, potresti anche imbatterti nella tomba della divina Greta Garbo.

Inverno

Una volta giunto l'inverno, gli svedesi attendono con ansia che inizi a nevicare e che il termometro scenda sotto lo zero in modo da poter tirare fuori dall'armadio gli sci per praticare il fondo, o i pattini per andare a schettinare sui laghi ghiacciati. La temperatura può scendere anche sotto i -20°C, ma in genere oscilla tra lo zero e i -10°C. L'inverno a Stoccolma sembra non finire mai: a marzo continua generalmente a nevicare e solo ad aprile la morsa del gelo si allenta lasciando spazio alla primavera. Come se non bastasse il freddo, un'altra caratteristica dell'inverno svedese è la brevità delle giornate: il sole infatti sorge sempre più tardi e tramonta sempre prima ogni giorno che passa, finché non si arriva al 13 dicembre, la giornata più corta dell'anno, quando già verso le due e trenta il buio regna sulla città. Eppure, proprio questa data, in cui cade Santa Lucia, viene sentitamente festeggiata dagli svedesi, in quanto da questo giorno il sole, lentamente, minuto dopo minuto, aumenterà nuovamente la sua presenza sopra l'orizzonte ridando luce alla città immersa nelle tenebre. Santa Lucia è dunque la festa delle luci e non è raro imbattersi lungo le vie della città in piccole processioni inneggianti alla Santa: ascolta le note del loro canto e ti accorgerai di conoscerlo: si tratta infatti della versione svedese del nostro canto di Santa Lucia. Le processioni sono guidate da una ragazza che impersona Lucia ed è seguita da damigelle e paggetti: tutti indossano vesti bianche, ma le ragazze hanno corone di candele sul capo, mentre i ragazzi indossano cappelli conici con stelle dorate. I dolci tipici di questa festa sono le "saffronbullar" (brioche allo zafferano) e i "pepparkakor" (biscotti allo zenzero), tipici anche del Natale svedese. A volte i biscotti sono accompagnati dal "glögg", una sorta di vin brulé locale che viene bevuto caldo in piccole tazzine contenenti anche un misto di mandorle e uvette. Terminata la festa di Santa Lucia, il clima festoso continua per tutto dicembre, il mese del Natale. La città si riempie di mercatini, gli abeti vengono addobbati e alle finestre vengono posti candelabri e appese stelle colorate, così che la lunga notte è rischiarata dalle tantissime luci che brillano in città. Gli svedesi sono per lo più cristiani protestanti, dunque non riconoscono la verginità della Madonna e non hanno la festa dello 8 dicembre, ma non vedono l'ora di festeggiare il Natale; specialmente attendono con ansia il monumentale pranzo di Natale: lo "julbord". Enormi buffet di "strömming" (aringhe) in tutte le salse, "lax" (salmone) variamente cucinato, "julskinka" (prosciutto cotto al forno di Natale), "köttbullar" (polpette), "fläsk" (maiale al caramello) e "janssons frestelse" (un pasticcio di patate) con "pepparkakor" e "glögg" finali, vengono serviti su tavole fastosamente imbandite. Persino la birra, a Natale, è speciale e si chiama per l'appunto "julöl", birra di Natale. L'atmosfera del Natale è dunque unica. La neve ed il freddo fanno il resto. Quasi ti aspetteresti, da un momento all'altro, di vedere volare sui cieli stoccolmensi Babbo Natale in persona con il suo carro trainato da renne volanti.

Primavera

Finalmente, dopo un lungo ed estenuante inverno, verso la metà di aprile arriva la tanto attesa primavera ed il miracolo del disgelo avviene un'altra volta. Il sole riscalda e scioglie; il ghiaccio dei laghi congelati mostra le prime crepe, poi si divide in tanti iceberg ed infine si trasforma in acqua; le papere starnazzano la loro gioia. Il prato riemerge dalla neve e si riempie di fiori colorati ed infine anche gli alberi mostrano i loro fiori per poi rivestirsi di nuove foglie.

Gli svedesi attendono queste giornate con impazienza e non appena esce un raggio di sole sono pronti ad accoglierne tutto il calore: non è raro vederli seduti sulle rive dei canali, con gli occhi chiusi, a godere di questa luce e della temperatura mite, quasi fossero animali a sangue freddo. Anche i baristi ed i ristoratori non aspettano altro che un raggio di sole e temperature sopra i 10°C per mettere fuori i loro tavolini. Effettivamente il sole da queste parti non è affatto un elemento scontato e questo spiega il particolare rapporto che hanno gli svedesi nei suoi confronti. Pensa che le loro finestre sono sempre prive di tapparelle e non importa se la luce solare entra in piena notte durante i mesi estivi, perché l'importante è captare tutta la luce disponibile nei mesi invernali. Qui la luce ed il sole sono sempre i benvenuti.

Stoccolma dunque in primavera si risveglia letteralmente rivestendosi di nuove luci e colori. E' una vera e propria rinascita che merita di essere festeggiata. Questo accade ogni anno la notte del 30 aprile con il rito del fuoco: durante Valborg (la notte di Santa Valpurga) infatti, grosse pire di legna vengono bruciate in tutta la città. Allo Skansen, il museo all'aperto all'interno del Djurgården (tram 7 o autobus 69, fermata Skansen) (cartina pag. 82), ne viene bruciata una particolarmente grande, ma ancora più suggestivo è lo spettacolo che avviene in centro, a Stortorget, la piazza centrale di Gamla Stan (alcune centinai di metri a piedi dalla fermata della metro verde o rossa di Gamla Stan) (cartina pag. 79): da qui infatti parte una emozionante fiaccolata che arriva fino alla vicina isola Riddarholmen. All'arrivo ognuno getta la sua fiaccola in una enorme cumulo di legna in fiamme: simbolicamente è il fuoco luminoso che brucia il vecchio inverno e accoglie la bella stagione. Il fuoco si alza alto nel cielo ed in tutta la città risplendono le luci di questi fuochi che vengono tradizionalmente bruciati non solo a Stoccolma, ma in tutta la Svezia. Ad Uppsala, una cittadina universitaria a nord di Stoccolma, questa festa è forse ancor maggiormente vissuta in quanto gli studenti iniziano a festeggiare fin dalle prime ore del mattino e continuano a far baldoria fino a sera inoltrata.

Estate

Se d'inverno la caratteristica principale di Stoccolma è il buio, d'estate il sole prende la sua rivincita e le giornate diventano praticamente infinite. Durante una limpida serata di luglio il cielo non si spegne mai del tutto, ma rimane illuminato di una luce soffusa che riprende forza fin dalle prime ore del mattino: il sole infatti sorge verso le tre della notte lanciando i suoi raggi dentro le finestre delle case prive di persiane.

Per mirare l'infinito tramonto che si fa alba di una Stoccolma sempre illuminata il mio consiglio è quello di scegliere una giornata tersa e andare a bere una birra nel giardino esterno del Mosebacke (metro verde, fermata Slussen) a Södermalm, il quartiere sud di Stoccolma (cartina pag. 81). La terrazza su cui affacciarsi è meravigliosa ed offre una visuale di tutta la città che fa da palcoscenico a questo incredibile tramonto che non tramonta.

Come per le altre stagioni, anche l'estate ha la sua festa celebrativa, una delle più importanti del calendario svedese: Midsommar, letteralmente "festa di mezza estate". Midsommar cade il 21 di giugno, la giornata più lunga dell'anno. Per questa occasione la città chiude i battenti e si svuota: gran parte degli svedesi ama passare questa giornata in arcipelago. Quasi tutti infatti hanno una casa in una delle molteplici isole che si trovano nei dintorni della capitale. La festa prevede una danza rituale attorno ad un albero simboleggiante la fertilità: il tutto viene regolarmente messo in scena anche allo Skansen, per la gioia dei turisti altrimenti dispersi in questa città fantasma. Nonostante per uno scherzo del destino a Midsommar sia frequente la pioggia, il 21 di giugno dà il via alle vacanze degli svedesi, la maggior parte dei quali va in ferie in questo periodo

21

e fino a tutto il mese di luglio. Purtroppo l'estate è breve e dopo un paio di settimane in cui possono esserci anche 30°C, la temperatura si rinfresca inesorabilmente e, quando agosto è alle porte, anche l'autunno, inizia a bussare, per un nuovo ciclo climatico che scandisce letteralmente quella che è la vita degli svedesi.

Quattro stagioni dunque per quattro città diverse. Visitare Stoccolma una volta non basta: vederla con il sole o sotto la pioggia, con la neve o immersa nella nebbia, illuminata nelle sere d'estate o buia nei giorni d'inverno vuol dire conoscere tanti volti diversi di questa sorprendente città.

Ed a proposito di stagioni che cambiano, come non nominare il Peppar, un pub che, a seconda del periodo dell'anno, si presenta con una veste sempre nuova, con addobbi in tema con la stagione: ad Halloween è pieno di zucche, a Natale è pieno di pupazzi di neve e di Babbi Natale e via dicendo. Si trova appena oltre il centro città (metro verde, fermata St Eriksplan), e ci si può andare per bere una birra in un'atmosfera rilassata e alla mano, così come anche semplicemente per vedere che tipo di addobbo sia stato allestito. Da aggiungere alla lista dei pub e dei locali che ti illustrerò durante la lettura.

Organizza il tuo viaggio

Raggiungere Stoccolma

A meno che non si decida di fare un viaggio "on the road" a più tappe, l'unico modo per raggiungere Stoccolma dall'Italia è con l'aereo, dato che la penisola scandinava dista qualche migliaio di chilometri dall'Italia.

Se non si opta per un aereo di linea, è la Ryan Air la low cost da prendere per volare a Stoccolma (http://www.ryanair.com). Gli aerei di linea sono ovviamente più costosi, ma presentano il vantaggio di atterrare ad Arlanda, l'Aeroporto principale della città che dista dal centro quaranta minuti di bus o venti minuti di treno veloce. Con la Ryan Air invece si arriva a Skavsta, un minuscolo aeroporto sperduto nelle campagne svedesi, che dista ben un'ora e venti dalla città. Il collegamento tra gli Aeroporti e la città sono assicurati dai bus della compagnia Flygbussarna (http://www.flygbussarna.se): un biglietto di andata e ritorno costa circa 20 Euro da Arlanda e 25 Euro da Skavsta. I biglietti possono essere acquistati su Internet (con un leggero risparmio) o in aeroporto o sull'autobus stesso ma in quest'ultimo caso l'unico modo per pagare è con la carta di credito.

Da Arlanda, oltre agli autobus, è possibile utilizzare il treno veloce Arlanda Express (http://www.arlandaexpress.com/start.aspx) o un più costoso taxi verificando il prezzo prima di salire in vettura.

Come muoversi

Che tu abbia preso il treno, o il bus, ti ritroverai sempre a T-Centralen, ossia la stazione ferroviaria principale di Stoccolma (cartina pag. 80). Con il treno entri proprio in stazione, mentre con il bus arrivi al City Terminalen, l'uscita posteriore della stazione stessa. In entrambi i casi un gran numero di taxi sarà pronto a portarti in qualunque direzione, ma sono molto costosi. Meglio allora servirsi dell'efficientissima rete di servizi pubblici. Proprio da T-Centralen si diramano le tre linee metro della città: la verde, la rossa e la blu. La metropolitana, in svedese "tunnelbana", permette di raggiungere la maggior parte dei luoghi della città, è pulitissima, rapida ed efficiente: i treni sono molto frequenti a tutte le ore del giorno e di sera effettuano le loro corse sino a mezzanotte durante i giorni feriali e per tutta la notte durante i weekend. E lì dove la metro non arriva, arrivano gli autobus, anch'essi comodi e puntuali: rispettano infatti al minuto gli orari riportati sulle fermate. Non c'è dunque motivo per non servirsi dei mezzi pubblici. Il mio consiglio è allora quello di fare un abbonamento (i biglietti singoli sono assolutamente sconvenienti) non appena arrivi al City Terminalen: esistono soluzioni di viaggio da uno o tre giorni, da una settimana o mensili, trimestrali o annuali, tutti validi sia per i mezzi di superficie che per le metropolitane. Tutte le possibili soluzioni sono elencate nel preciso sito della compagnia di trasporto pubblico, la SL (http://sl.se/), dove sono riportati anche orari e percorsi in tutte le lingue. Puoi acquistare un abbonamento in un qualsiasi negozio Pressbyrån (http://www.pressbyran.se/)

(ce ne sono vari già a T-Centralen), una catena che vedrai ovunque in città, che vende giornali, generi alimentari, ricariche del telefono, sigarette e, per l'appunto, biglietti per i mezzi pubblici. Per entrare nelle stazioni metro è necessario passare l'abbonamento su un lettore mentre l'uscita è libera: fai attenzione che la maggior parte delle uscite metro ha più sbocchi in direzioni spesso opposte per cui potresti ritrovarti in diversi posti a seconda dell'uscita che tu stia seguendo. Se si prende l'autobus, il biglietto va mostrato al conducente non appena si sale: inutile dire che l'unica entrata è dalle porte anteriori e che si sale in vettura seguendo una rigorosa (e spesso lenta) fila. E' meglio che tu non abbia fretta.

Un metodo alternativo e molto comodo e piacevole per muoversi a Stoccolma è con la bicicletta: la rete di piste ciclabili infatti è fitta e copre l'intera città e non solo, dato che anche nei dintorni di Stoccolma, quasi tutte le strade provinciali sono affiancate da piste ciclabili. In città vengono messe a disposizione bici da noleggiare acquistando un'apposita carta (www.citybikes.se): il vantaggio consiste nel poter prendere la bici da una parte e lasciarla da un'altra parte della città. Fai attenzione! Per frenare su una bicicletta svedese si deve pedalare all'indietro: non ci sono i classici freni manuali !

Cambiare il denaro

Un'altra cosa cui devi pensare una volta arrivato in Svezia è prelevare o cambiare denaro: in Svezia infatti circola la Corona Svedese: 10 sek, ossia 10 corone, equivalgono, all'incirca a 1 Euro. Il cambio aggiornato lo trovi qui: http://www.viaggiatori.net/pagine/monete/SEK.php.

Uffici di cambio sono un po' ovunque, così come i bancomat. Inoltre è possibile pagare quasi tutto con carta di credito. E' questa la forma di pagamento più usata dagli svedesi che usano la carta di credito anche per spese di poche corone. La vita in Svezia è generalmente più costosa che in Italia.

Dove alloggiare

In città ci sono moltissimi hotel, ma sono tutti molto costosi. Più economici sono gli ostelli per la gioventù, il più famoso dei quali, il Vandrarhem af Chapman & Skeppsholmen è in realtà una nave. E non è l'unica imbarcazione-alloggio: molto carina è anche The Red Boat Mälaren. Dormire galleggiando può essere una esperienza nuova ed interessante.

Un elenco di alberghi presso i quali dormire va oltre lo scopo di questa guida, ma puoi trovare informazioni e prezzi su http://www.visitstockholm.com/it/.

Vestirsi adeguatamente

Una cosa da considerare attentamente, se si vuole andare a Stoccolma, è verificare le previsioni meteo. Un sito molto accurato e preciso è http://www.smhi.se/en/Weather.

In inverno il modo migliore di vestirsi è "a cipolla": negli ambienti esterni infatti la temperatura può scendere fino a -20°C, mentre gli ambienti interni sono così riscaldati che si sta a proprio agio anche a maniche corte. Se c'è neve è importante indossare scarpe adatte. Guanti, sciarpa e cappello non sono un optional e, nonostante tutti questi accorgimenti, ti renderai conto che, a volte, avrai la necessità di rinchiuderti in qualche negozio al solo scopo di scaldarti.

D'estate può essere sufficiente una maglietta a maniche corte, ma è sempre meglio avere a portata una felpa ed un K-way perché bastano un alito di vento ed un paio di nuvole ad abbassare la temperatura che, anche nei periodi più caldi, difficilmente supera i 25°C.

In autunno ed in primavera è sempre necessaria una giacca. Il clima tende ad essere spesso piovoso e piuttosto fresco.

Un consiglio che ti do inoltre è quello di organizzare la tua visita a Stoccolma proprio in base al meteo: non appena vedi una giornata di sole approfittane per visitare i luoghi all'aperto come lo Skansen, Hagaparken, o il Djurgården. Se è nuvoloso, ma non piove o non nevica, puoi girare in lungo ed in largo centro e dintorni (Gamla Stan, Vasastaden, Skeppsholmen). Ma se invece è una giornata di pioggia (o neve) battente, conviene chiudersi in qualche museo dando la precedenza a quello che è di gran lunga il migliore dei musei di Stoccolma: il Vasamuseet.

Capire la lingua

Come potrai notare fin dai tuoi primi istanti in questa nazione, gli svedesi non sono affatto dei gran chiacchieroni. Tendono piuttosto a stare in silenzio ed è interessante osservare come in una conversazione tra svedesi le parole dei due interlocutori non si sovrappongono mai: prima parla uno mentre l'altro ascolta, poi l'altro risponde ed il primo lo ascolta senza fiatare. Al massimo l'ascoltatore accompagna le parole del suo interlocutore emettendo un verso simile ad una "o" oppure facendo una sorta di aspirazione che noi italiani usiamo piuttosto quando qualcosa ci spaventa.

Ma cos'è che si dicono gli svedesi? Ad un primo impatto capirli sembra impossibile: le parole, generalmente lunghissime in quanto composizioni di più vocaboli, hanno suoni gutturali ed impronunciabili ed il loro suono somiglia molto a quello della lingua tedesca. Ma ascoltando attentamente e facendoci l'abitudine, potrai notare che molte somiglianze ci sono anche con la lingua inglese. Lo svedese in effetti sembra proprio un miscuglio di inglese e tedesco. A condizione che tu sappia l'inglese dunque ti sarà anche possibile una parziale comprensione dello svedese. Ti faccio un esempio: "latte" in inglese si dice "milk"; ebbene in svedese diventa "mjölk". "Ciao" in inglese si dice "hi"; in svedese diventa "hey". Tanti altri potrebbero essere gli esempi.

Quanto agli strani simboli che appaiono talvolta sulle lettere, devi sapere che le dieresi o i puntini sulle vocali ne cambiano il suono. Una "a" scritta "å" viene pronunciata molto chiusa e diventa quasi una "o", mentre scritta "ä" diventa quasi una "e". Similmente una "o" scritta "ö" assume un suono a metà strada tra una "o" e una "e". Anche le consonanti hanno a volte una pronuncia diversa dalla nostra: la "g" perde il suono gutturale e si trasforma quasi in "i" mentre la "k" può addirittura diventare come la nostra "sc" (se seguita da una vocale tipo "sci" o "sce"). La parola "kirka", ad esempio, che significa "chiesa" (nota anche qui la somiglianza con la "church" inglese) viene pronunciata "scirca". E prova a chiedere ad uno svedese la pronuncia della città di Göteborg: verrà pronunciato un qualcosa simile a "Gliateborie". Le stranezze linguistiche non finiscono qui. Il caso ha voluto infatti che alcune parole svedesi in italiano abbiano significati ben diversi: un simpatico esempio è rappresentato dalla parola "maglione" che tradotto in svedese diventa nientepopodimeno che "tröja". Ma solo tra qualche pagina ti svelerò come si dice in svedese "pausa caffè" !

Mangiare e bere

Come in tutte le guide turistiche, anche leggendo questa, troverai vari consigli su dove andare a mangiare e bere nella capitale scandinava.

Ma differentemente da qualsiasi altra guida, vorrei ora affrontare in aggiunta un capitolo sui supermercati che, a ben pensare, sono i luoghi alimentari per eccellenza. A prescindere dalla necessità di dover fare la spesa infatti credo che uno dei modi migliori per esplorare e capire un paese sia proprio quello di farsi un giro in un supermercato. A Stoccolma il supermarket più diffuso è l' Ica (http://www.ica.se/), ma niente batte i prezzi del PrisExtra (http://www.prisxtra.se/).

Il "giro turistico" di un supermercato comincia sempre dal reparto ortofrutticolo, il primo ad essere esposto. Si intuisce in questo settore che la Svezia importa la maggior parte delle verdure da altri paesi: mele "italien" sono affiancate da melanzane "spanien" e solo le patate sono "svenska". Guarda anche la dimensione ed il colore degli ortaggi: le zucchine sono enormi, i peperoni sembrano colorati con l'evidenziatore. L'uva, dal Brasile, è "seedless", senza semi: gli organismi geneticamente modificati evidentemente non fanno paura. Per servirsi dal reparto ortofrutticolo usano tutti le mani nude, i guanti non vengono neanche messi a disposizione. Ora prosegui per il reparto carne: qui si nota come il gusto svedese sia ben diverso da quello italiano: le salsicce sono sostituite da interi scomparti di wurstell. La carne non appare mai rossa come nei nostri supermercati, ma è più scura e, una volta cucinata, risulta essere più dura. Differente è anche il reparto del pesce, predominato da un prodotto: il salmone.

Ma anche gli svedesi, in fondo, amano la cucina italiana. Deve essere necessariamente così vista l'enorme quantità di prodotti italiani presenti sugli scaffali: tortellini di Giovanni Rana, sughi pronti Barilla, Caffè Lavazza e così via. Tantissimi prodotti poi sono etichettati Zeta (http://www.zeta.nu/), una compagnia fondata da un signore italiano di nome Fernando di Luca, il quale ha fatto la sua fortuna esportando centinaia di prodotti italiani sul mercato svedese: taralli, pomodori secchi, pasta, sughi, pesto, olio. Probabilmente non sono solamente i tanti immigrati italiani ad andarne matti.

E l'Italia non è l'unico paese che esporta in Svezia cultura culinaria. Nei vari reparti infatti si trovano anche molti prodotti tipici di ogni regione del mondo, con particolare abbondanza di prodotti mediorientali. Ed a volte i sapori vengono mescolati per venire incontro ai gusti più originali: ecco quindi che è possibile trovare la pizza al kebab. Gli svedesi amano i cibi che presentano la mescolanza di più sapori ed adorano mix improbabili. Un esempio su tutti è rappresentato dalle patatine fritte, spesso aromatizzate con aglio o cipolla, o addirittura con "dill" ossia l'aneto. Persino l'acqua non sfugge agli aromi e può essere arricchita con retrogusti al limone o addirittura alla mela.

Ma cosa fa realmente impazzire il palato svedese sono i dolci: ecco allora che enormi scaffali presentano un ricco assortimento di dolcetti e caramelle sfuse da cui attingere con paletta. I sacchetti pieni di dolciumi vengono poi pagati a peso come la frutta e la verdura.

Ma ora andiamo a comprare una bottiglia di vino. Qui non c'è, lì nemmeno, in fondo lì forse ci sono le bibite...vediamo Coca, Aranciata, Chinotto. Ah ecco le birre...ma, che strano, sono a bassa gradazione alcolica. Ebbene quelle birre a basso contenuto alcolico saranno l'unico alcool che tu sarai in grado di trovare anche nei più grandi e forniti supermercati. Vino, superalcolici e birra vengono venduti infatti solo ed esclusivamente al Systembolaget (http://www.systembolaget.se/) un negozio specializzato in cui la vendita è strettamente regolamentata e con giorni e orari limitati: la domenica questo esercizio commerciale rimane chiuso e così anche il sabato a partire dal primo pomeriggio. Il motivo nasce da un problema serio per la Svezia e per i paesi nordici in genere: l'alcolismo. Gran parte della popolazione non sa resistere all'alcool e, specialmente nei giorni di venerdì e sabato sera, lo stato di ubriachezza è dilagante e generale. La lotta all'alcolismo è stata dunque combattuta con una forma di proibizionismo che ha dato alla luce questo sistema di vendita in negozi specializzati e a prezzi elevati. Non è un caso che il venerdì pomeriggio ci sia una vera e propria ressa all'interno del Systembolaget in quanto fanno tutti scorta per l'imminente weekend. Il lungo fine settimana svedese inizia proprio il venerdì pomeriggio quando vengono aperte le prime birre. Si va poi a cena, già brilli, portandosi sui mezzi pubblici sacchetti pieni di bottiglie di vino e birra. La serata continua in questo modo, bevendo, ed il tasso alcolico cresce: alle birre seguono i cocktails e gli "snaps", gli shot locali. Le conseguenze sono facilmente intuibili e nel cuore della notte la città sembra vittima di un delirio collettivo. Fortunatamente il sistema di trasporti pubblici è eccellente per cui nessuno osa mettersi alla guida in stato di ubriachezza anche perché la legge su questo non transige minimamente.

Stupefacente non credi? Quante cose si imparano solamente facendo un giro al supermercato. Abitudini, modi di fare, usanze e persino leggi.

E siamo solo all'inizio: ora andiamo ad esplorarla, questa meravigliosa città. Ma prima di farci amicizia più da vicino cominciamo ad osservarla nel suo insieme, accostandoci lentamente ed ammirandone il panorama. Iniziamo a conoscerla in punta di piedi, senza far rumore.

I panorami di Stoccolma

Ci sono molti modi diversi per avere una visione d'insieme della città di Stoccolma, per capire come è fatta, quale è la sua forma. La si può vedere da terra, dall'acqua, da una collina, da una torre, o persino dal cielo...

Qualunque mezzo tu decida di usare per avere il quadro della città, ti accorgerai come Stoccolma sia un'insieme di isole che vanno a costituire un enorme arcipelago. Tale arcipelago è molto amato e molto frequentato durante le ferie dagli svedesi, che in estate vanno a farsi il bagno e d'inverno pattinano su quelle stesse acque nelle quali d'estate si tuffano. A meno che infatti l'inverno non sia particolarmente mite, gran parte dell'arcipelago congela ed è possibile "camminare" o pattinare sulle sue acque.

Stoccolma nasce su 14 delle 24.000 isole dell'arcipelago svedese (cartine pag. 77 e 78). In particolare la città sorge nel punto in cui il mare incontra il lago Mälaren, cosicchè la parte ovest della città affaccia sulle rive del lago, mentre la parte est è accarezzata dalle acque del Mare del Nord. In centro, lì dove le acque si congiungono, emerge l'isola di Gamla Stan, il nucleo storico cittadino. Stoccolma continua poi a nord con il quartiere di Vasastaden, affiancato a est da Östermalm ed a ovest dall'isola di Kungsholmen, mentre a sud poggia le sue basi un grosso isolotto che va a comporre il quartiere di Södermalm.

Stoccolma da terra

Per avere uno splendida visuale d'insieme del centro di Stoccolma, ti raccomando una rilassante passeggiata lungo tutto il perimetro dell'isola di Skeppsholmen (autobus 65, fermata Kastellholmsbron) e della adiacente Kastellholmen (cartina pag. 83). Da qui potrai infatti ammirare (girandola in senso antiorario, cioè, se provieni dal ponte, incominciando il giro dal lato destro), tutta la parte est della Gamla Stan, il lato nordest di Södermalm, le rive del Djurgården, il Gröna Lund (ossia il parco dei divertimenti cittadino), la struttura esterna del Vasamuseet ed infine l'elegante viale Strandvägen di Östermalm. Oltre al magnifico panorama, Skeppsholmen offre una grande varietà di musei (è infatti anche chiamata l'isola dei musei): il più interessante è sicuramente il Moderna Museet, sempre che tu sia appassionato di arte moderna. Puoi averne un assaggio gratuito semplicemente passeggiando attorno al museo, dove sono installate alcune opere dell'artista francese Niki de Saint Phalle. Internamente invece ospita dipinti, sculture e altre opere, tra le quali l'"Enigma di Guglielmo Tell" di Dalì e l'"Urinatoio" di Duchamp, oltre che importanti realizzazioni di Andy Warhol. Di buona qualità è anche il ristorante del museo che offre cucina tipica svedese ed ha tavoli in posizione panoramica che permettono di mangiare ammirando il profilo di Stoccolma.

Stoccolma dall'acqua

Un altro modo per scoprire Stoccolma è tramite un giro in battello: ne esistono di vari tipi, di diverse tipologie di prezzo e durata. Sconsiglio l' "Under Stockholms Broar" (Sotto i ponti di Stoccolma) che alla lunga risulta noioso, mentre sono preferibili il "Djurgården Runt" (Tour dei canali reali) o il "Kungsholmen runt" (Tour dei canali storici). Alcuni giri sono disponibili solo durante la bella stagione. Se vuoi evitare il classico giro turistico con il battello, puoi più semplicemente prendere un battello cittadino (per il quale serve l'abbonamento dell'autobus) che parte da Slussen (importante snodo metropolitano di Södermalm) e arriva al Djurgården. Altrimenti, ma solo in estate, ci si può cimentare alla guida di canoe e kayak da affittare presso il Djurgårdsbron (il ponte di accesso all'isola di Djurgården) o al più economico Brunnsviken Kanotklubb nei pressi dell'Universitet (metro rossa, fermata Universitet) (cartina pag. 86): in quest'ultimo caso è sempre meglio prenotare le imbarcazioni poiché, specialmente nei caldi weekend estivi, vanno ad esaurirsi rapidamente.

Stoccolma da una collina

Ora che l'hai vista dal basso, è ora di iniziare a salire, per vedere la città dall'alto. I migliori punti di osservazione si trovano a Södermalm (cartina pag. 81). Uno dei più classici è la terrazza del Mosebacke dalla quale, come ti accennavo nel capitolo dedicato alle quattro stagioni, è possibile, durante le sere estive, osservare un'incantevole profilo della città, un palco le cui luci si fanno sempre più soffuse, senza però spegnersi mai del tutto. Anzi, lentamente, esse cominciano a riaccendersi per dare vita ad una nuova lunga giornata senza fine.

Un' altra terrazza incantevole da cui ammirare la città mentre si pranza o si cena è quella del ristorante vegetariano Hermans in Fjällgatan 23B (autobus 3 o qualche centinaio di metri dalla fermata Slussen della metro verde o rossa). La scelta qui è tra un buffet caldo ed uno freddo, rigorosamente vegetariani, da cui potersi servire liberamente per un prezzo fisso che varia solo se si vuole anche il dolce o bevande più costose dell'acqua. La cosa interessante di Hermans è che, nei diversi weekend, vengono serviti diversi cibi "a tema": tra i vari spunti il menù mediterraneo, quello indiano, tex mex e così via. Conviene prenotare prima, perché gli svedesi amano questo posto che risulta quindi sempre molto affollato.

Ma il punto secondo me più affascinante dal quale osservare la città si raggiunge percorrendo un dedalo di stradine attraverso splendidi palazzi partendo dal piazzale di Slussen (metro verde o rossa, fermata Slussen) e dirigendosi per le stradine che salgono sulla destra (in direzione ovest). All'improvviso, tra i palazzi, ritroverai la vista di tutta la parte nord della città. Mozzafiato.

Stoccolma da una torre

Södermalm (cartina pag. 81) è un po' come un grande balcone affacciato su Stoccolma. E non a caso è stata scelta Slussen (metro verde o rossa, fermata Slussen) come base di partenza per un ascensore, il Katarinahissen, che porta in cima ad una terrazza da cui è possibile ammirare il panorama della città. L'ascensore è a pagamento, ma c'è anche la possibilità di arrivare sulla terrazza tramite delle scale ad accesso libero sull'altro lato della strada. In cima c'è anche un ristorante, il Gondolen, con cucina tipica svedese. E' molto buono, ma anche molto costoso.

Ma per ammirare Stoccolma dall'alto è possibile salire molto di più, e per l'esattezza fino ai 155 metri della torre della televisione, la Kaknästornet. Si trova nella zona ovest della città (autobus 69, fermata Kaknästornet) e presenta sia un'uscita all'aperto che una terrazza in un ambiente interno, dove trovi anche l'immancabile Caffè-Ristorante. Da qui si può ammirare la città a 360°C e arrivare con lo sguardo oltre i confini cittadini.

C'è un altro ascensore infine che puoi prendere per avere una visuale dall'alto della città. Aperto nel 2010, più che per il panorama offerto, è interessante salirci per l'incredibile progetto ingegneristico che c'è dietro: si tratta dello Skyview on top on the Globe. Il Globen è un'arena per concerti che si trova a sud, a Johanneshov, oltre il quartiere di Södermalm (metro verde, fermata Globen). La sua particolarissima struttura sferica ha reso molto difficoltosa la realizzazione del progetto di un ascensore in grado di raggiungere la cima a 130 metri di altezza. Ma la sfida è stata vinta ed il risultato è straordinario: la navetta, anch'essa a forma globulare, sale lungo la parete circolare del Globen, utilizzando un binario ricurvo poggiato sulla parete stessa.

Queste sono le torri di Stoccolma, anche se in realtà ce n'è un'altra, che però ti consiglio di utilizzare solo se sei un amante dell'adrenalina estrema: si tratta infatti della Fritt Fall, una delle attrazioni del Gröna Lund, il luna park cittadino (tram 7 o autobus 69, fermata Liljevalchs/Gröna Lund) (a pag. 80).

Questa attrazione non è altro che un ascensore che sale lentamente fino a 80 metri di altezza. Una volta in cima hai circa due secondi per ammirare il panorama di Stoccolma, dopodiché la tua navetta precipiterà nel vuoto per frenare solo all'ultimo istante. Sono due-tre secondi di caduta libera e di pura adrenalina. Da provare solo se si ha una buona dose di coraggio e se non si soffre di vertigini !

Stoccolma dal cielo

E poi c'è Stoccolma vista dal cielo. Poesia in volo. Come? Non da un aeroplano, non da un elicottero. A Stoccolma c'è un mezzo speciale per osservare la città dall'alto: la mongolfiera.

Avrai bisogno di molto tempo a disposizione e potrai provare questa esperienza solo in estate (nelle altre stagioni infatti i voli non vengono effettuati). Le condizioni climatiche inoltre devono essere favorevoli e il vento deve soffiare nella giusta direzione. Qualsiasi sia la compagnia scelta per effettuare il volo, è necessario prenotarsi per un determinato giorno ed incrociare le dita che, per quel giorno, le condizioni climatiche siano buone, altrimenti si vedrà rinviare il proprio volo a data da destinarsi.

Ci vuole un po' di fortuna quindi e, come immagini, molti giorni a disposizione. Ma se l'insieme delle condizioni è favorevole e riesci a volare...beh...vedrai che non ci saranno parole per descrivere l'emozione di una simile esperienza. Nei giorni in cui i voli sono possibili, il cielo di Stoccolma si riempie di tanti palloni colorati che attraversano la città da nord a sud a qualche centinaio di metri d'altezza. La partenza è in genere un po' goffa, le mongolfiere fanno fatica ad alzarsi, ma una volta alzatesi in volo, sono padrone del cielo. All'interno dei palloni viene soffiata aria calda e puoi sentire il calore delle fiammate molto vicino alla tua testa. Stoccolma, sotto di te, si presenta nel suo abito migliore, tra i riflessi delle sue acque, i colori dei palazzi ed il verde dei suoi parchi. E' bella, sinuosa, ammaliante, sembra ammiccare. E' un quadro, un opera d'arte, uno schizzo di forme e colori che ispirano meraviglia. Il volo continua, placido e silenzioso. L'unico rumore che si sente è quello delle fiammate che sparano aria calda nel pallone. Si raggiungono i confini cittadini e si prosegue nelle campagne fuori città fino a che il "pilota" non trova una radura ove atterrare. L'atterraggio infatti avviene ogni volta in un posto diverso, in base a dove il vento abbia spinto la mongolfiera. Atterrare non è impresa facilissima: come per la partenza la mongolfiera sembra un po' goffa nei movimenti, ma basta avere fiducia: il cesto, prima o poi, si poserà a terra ed ogni passeggero della mongolfiera diventerà automaticamente conte di quel pezzo di terra, come verrà scritto nel certificato che ti daranno a fine volo, assieme ad un bicchiere di spumante. Tra le varie compagnie che effettuano i voli, ti segnalo quella storica: Farochflyg (www.farochflyg.se). Davvero una esperienza indimenticabile.

Pausa caffè

Prima di proseguire, facciamo una pausa e prendiamoci un caffè. Mi sembra giunto anche il momento di svelare allora il termine svedese per indicare l'espressione "pausa caffè": è un'unica parola, molto semplice e facile da ricordare: "fika". E si può ben affermare che si tratti di una parola sacra. Il momento della pausa caffè è infatti un diritto del quale gli svedesi non possono essere assolutamente privati. La "fika" svedese non è solo bere il caffè, generalmente un lungo beverone scuro senza molto sapore, ma è anche un momento per interrompere il lavoro, socializzare con i colleghi e mangiare dolci. Quasi sempre infatti il caffè è accompagnato dalle "kanelbullar", le tipiche brioche svedesi alla cannella, o altri dolci. Nel periodo di Natale ci sono i già citati "pepparkakor" (biscotti allo zenzero) e le "saffronbullar" (le brioche allo zafferano), mentre nel periodo tra Natale e Pasqua sono un classico le "semlor", brioche speziate al cardamomo con un cuore di pasta di mandorle e guarnite con panna montata. Se vuoi anche tu fare una pausa caffè prima di andare avanti nella lettura ricordati di chiedere un caffè espresso "enkel", ossia ristretto, per evitare spiacevoli conseguenze !

Visita la città

Gamla stan (cartina pag. 79)

Qualsiasi guida suggerisce di cominciare la visita di Stoccolma da Gamla Stan, la città vecchia, il nucleo originale della città che sorge sulla piccola isola al punto di congiunzione tra il lago Mälaren ed il mare. Effettivamente la Gamla è forse il quartiere più interessante. Il mio consiglio è di visitarla di sabato per due motivi. Il primo è che il sabato mattina, intorno a mezzogiorno, presso il Kungliga Slottet, il Palazzo Reale, c'è il cambio della guardia accompagnato dalla banda militare. Pur non essendo uno spettacolo indimenticabile, è pur sempre un momento particolare, caratterizzato dal fatto che a volte vengono effettuate delle piccole variazioni sul tema riguardo i movimenti dei soldati o le musiche suonate dalla banda. Il secondo motivo è quello però cui tengo maggiormente. Infatti ogni sabato pomeriggio, dalle quattordici alle diciotto, in un locale di Gamla Stan che si chiama Stampen, si può assistere gratuitamente a lunghe sessioni di blues e happy jazz, condividendo il pomeriggio con molti svedesi che sono ben lieti di affollare questo locale, e ascoltare, ballare ed ubriacarsi sulle note improvvisate dei tanti artisti che si alternano sul palco. Si tratta di un bellissimo spaccato di vita svedese, genuino e divertente. La musica, se si ama il blues, è fantastica e le persone si divertono da morire. Lo Stampen inoltre è un locale molto carino: alza lo sguardo al soffitto e osserva le centinaia di oggetti di tutti i tipi appesi al soffitto, ricordo di quando lo Stampen era un ancora un negozio di robivecchi.

Oltre al Kungliga Slottet (di cui non consiglio la visita all'interno) ed allo Stampen, la Gamla Stan è ricca di splendidi palazzi e scorci meravigliosi, ed è tutta bella da girare senza una meta precisa. Più che Västerlånggatan, l'affollata stradina principale piena di negozi turistici, è bello secondo me perdersi tra i tanti vicoli laterali: anche girando a caso si finisce prima o poi a Stotorget, la piazza principale della Gamla Stan. A Natale qui ci sono i mercatini, mentre la notte di Valborg, come ti dicevo (vedi capitolo "Le quattro stagioni di Stoccolma/Primavera"), è da qui che parte la fiaccolata verso il rogo di Riddarholmen. In questa piazza c'è anche il Nobelmuseet, il museo dedicato ai premi nobel, mentre per riscaldarti con una buona cioccolata calda e magari una fetta di torta ti consiglio la Chokladkoppen, la cioccolateria gayfriendly della piazza, con tanto di bandiera arcobaleno esposta al suo ingresso (in Svezia essere gay non è affatto un tabù e Stoccolma è una città gayfriendly). In realtà le torte migliori si trovano, secondo me, nella più antica pasticceria di Stoccolma, la Sundbergs Konditori, nella graziosa piazza Järntorget. Caratteristica del locale è la possibilità di auto-rifornirsi di caffè da un grande samovar in rame posizionato al centro della sala. Nei dintorni della pasticceria si trova il vicolo più stretto di Gamla Stan, il Mårten Trotzig, molto carino da percorrere in un momento in cui non ci sono turisti a scattare le immancabili foto. Di interesse turistico nella Gamla sono poi le varie chiese, tra cui la cattedrale Storkyrkan, ospitante al suo interno una famosa statua di San Giorgio che trafigge il Drago, e la Tyska kyrkan. Essendo chiese protestanti sono molto semplici e prive di opere d'arte di particolare interesse al loro interno, ma ti consiglio di soffermarti ad osservare le loro strutture esterne, generalmente di ispirazione gotica.

La Gamla Stan è anche ricca di piccoli negozi molto carini tra i quali le numerose botteghe di antiquariato nascoste tra i vicoli secondari. Una di queste vende antichi giocattoli di latta: si trova all'incrocio tra le vie di Själagårdsgatan e Kindstugatan, in una splendida piazza dalla forma triangolare. Nella via principale della Gamla invece, Västerlånggatan, tra gli innumerevoli negozi di chincaglierie turistiche, meritano un cenno esclusivamente due negozi: in uno vengono vendute stampe d'epoca, mentre nell'altro, Handfaste, (http://www.handfaste.se) si vendono oggetti vichinghi di vario genere.

Voglio adesso illustrarti un angolo di Gamla Stan che nessuna guida indica: si trova all'inizio di Västerlånggatan (provenendo dal ponte Stallbron che collega la parte nord della città con la Gamla Stan passando per il Riksdagshuset, il parlamento). Sulla destra nota la presenza di piccoli archi nel muro: si tratta di stretti passaggi che conducono ad una piazzetta che è in realtà parte di un condominio circolare. Al centro vi è una statua di donna parzialmente inginocchiata. Guardati intorno: non è buffo quanto sia facile passare da una via affollatissima ad un luogo del tutto privo di persone ?!

Di sera la Gamla Stan non è particolarmente affollata. A parte piccoli pub concentrati principalmente su Stora Nygatan, l'unico locale di rilievo è il Medusa Rock Bar, consigliabile solo agli amanti della musica metal che, in Svezia, è particolarmente amata.

Gamla Stan è un piccolo gioiello, un dedalo di vicoli e

palazzi medievali. Dato l'elevato interesse turistico è sempre molto affollata, ma basta inoltrarsi nei vicoli secondari per vivere la sua autenticità. Se poi vuoi essere da solo, tu e lei...beh...allora scegli una fredda serata d'inverno: così l'unico suono che sentirai sarà il respiro del vento e il ticchettio ovattato dei tuoi passi sulla strada innevata. Vivrai la sua magia, ascolterai le sue storie, capirai quanto è bella. Nonostante il freddo, che torturerà le tue mani, nonostante la neve, che sferzerà il tuo viso, nonostante il vento gelido, che entrerà nelle tue ossa, tu la amerai, un po' come l'ha amata Paolo Andrea, un amico che in una sua nota ha scritto: "Ieri sera, mentre un vento freddo mi tagliava la faccia, camminavo tra la neve sullo Skeppsbron. Andavo a raggiungere amici al Debaser. Nel freddo intenso, nei miei passi veloci, un non so che mi ha fatto fermare, mi ha fatto guardare attorno. Ho osservato in un attimo infinito la skyline tutta attorno. Il vento era davvero forte e la neve sul viso mi dava fastidio. Sembrava dura, mi sentivo graffiare. Per la prima volta, dopo un anno e mezzo, mi sono sentito di amare profondamente questa città. L'ho sentita mia, calda, bella, confortante. L'ho sentita amica, complice, amante. E' diventata un sentimento. Stoccolma da oggi non è più il nome di una città, è il nome di casa mia".

Riddarholmen (cartina pag. 79)

Quando scendi alla fermata metro di Gamla Stan (linea verde o rossa), puoi decidere di uscire dalla parte della Gamla stessa, oppure di dirigerti dalla parte di Riddarholmen, la piccola isola adiacente.

A Riddarholmen c'è una bellissima piazza dominata, sulla sinistra, dalla Riddarholmskyrkan, una grande chiesa fatta di mattoni rossi, con pinnacoli gotici che puntano verso il cielo. Se prosegui dritto, lasciati meravigliare dall'improvvisa apertura sul mare di Stoccolma. Se il cielo è nuvoloso vedrai un panorama che è un'insieme di sfumature di grigi, se invece è una bella giornata vedrai il sole riflettersi e luccicare sulla distesa d'acqua. Tutta Stoccolma sembra rispecchiarsi su queste acque, nel suo edificio simbolo che è lo Stadshuset, il municipio. Lo noti facilmente, sulla destra, con il suo caratteristico colonnato e la sua torre che, specchiandosi sull'acqua sembra venirti incontro.

Lasciando andare lo sguardo fino alla linea dell'orizzonte invece, vedrai quello che è il più grande ponte di Stoccolma, il Västerbron, con le sue enormi arcate, mentre tutta la riva che vedi sulla sinistra fa parte di Södermalm.

Poiché i turisti preferiscono riversarsi nella vicina Gamla Stan, generalmente in questo posto ci si ritrova da soli, ma è proprio qui che una gran quantità di cittadini si riunisce la notte di Valborg, bruciando quello che è uno dei più grossi falò della città (vedi capitolo "Le quattro stagioni/Primavera").

Vasastaden (cartina pag. 80)

Se Gamla Stan con i suoi palazzi colorati e le piccole botteghe artigianali rappresenta il quadro dell'immaginario collettivo di Stoccolma, ti interesserà sapere che fino agli anni '50 anche il centro moderno di Stoccolma, tutta l'area attorno a T-Centralen, aveva un aspetto simile con tanti piccoli negozi e botteghe di artigiani. Ma tra gli anni '50 e '60, traendo ispirazione da un vento modernista ed innovativo, tutta l'aerea è stata demolita per essere ricostruita all'insegna di palazzi moderni e piccoli grattacieli. Il risultato, di certo non esaltante, è la piazza centrale della città, Sergels Torg (metro verde, blu e rossa, fermata T-Centralen), con la sua struttura a due piani: quello superiore, pensato per il traffico automobilistico e quello inferiore pensato per i pedoni. A completarla, un moderno obelisco di vetro, contornato da fontane dove i cittadini sono soliti tuffarsi in occasione delle vittorie sportive. La piazza ha un gusto discutibile soprattutto se si pensa a come è stata costruita, ma rimane comunque il centro della vita cittadina: è qui che le persone si danno appuntamento, è qui che si svolgono manifestazioni di vario tipo, è questa la piazza che viene scelta anche per le azioni di protesta. L'8 luglio 2009 ci fu una danza collettiva in onore di Michael Jackson (un "flashmob"), mentre ogni anno in primavera vi si svolge il "pillow fight", un enorme battaglia durante la quale ci si prende a cuscinate. Il perimetro della piazza è delimitato da grossi palazzi con uffici e negozi. L'edificio più importante è il Kulturhuset, letteralmente "Casa della cultura", uno di quei posti che fanno la differenza e che lanciano Stoccolma e la Svezia in generale come un paese dove la cultura viene tenuta in grande considerazione: al suo interno si sviluppano sei piani dove è possibile trovare una svariata moltitudine di diverse attività culturali la maggior parte delle quali a fruizione totalmente gratuita. Al Kulturhuset vi sono eventi che cambiano in base al calendario come mostre, esibizioni, proiezioni e concerti, affiancati da strutture fisse come la biblioteca, la mediateca, e uno spazio per i bambini.

Ovviamente all'interno del Kulturhuset vi sono anche bar e ristoranti, uno dei quali, il Cafè Panorama, si trova all'ultimo piano ed ha una terrazza all'aperto dalla quale d'estate è possibile godersi il sole dando un'occhiata a cosa succede nella piazza sottostante. Fatti un giro al Kulturhuset, magari leggiti La Repubblica, messa a disposizione come tanti altri giornali internazionali in un'apposita area di lettura, poi magari prenditi un caffè al Cafè Panorama e, scendendo, dai un'occhiata alla mostra di turno. Termina il giro ascoltando gratuitamente uno dei mille e più CD a disposizione, comodamente seduto sulle poltrone fornite di cuffie. Niente male, non è vero?

Tutta l'area attorno a Sergels Torg è dominata da negozi e centri commerciali. Ma anche lo shopping, a Stoccolma, può essere un'esperienza originale. Inizia ad esempio il tuo giro da un Design Torget (http://www.designtorget.se/), un negozio che si trova nel piano inferiore di Sergels Torg, sotto la galleria (Sergelgången 29): il design è una di quelle cose che rende famosa la Svezia nel mondo, ma il design offerto da Design Torget è molto particolare: diciamo che fa l'occhiolino al "trash" con oggetti a volte buffi, a volte originali, a volte orrendi, a volte utili e a volte del tutto inutili. Qui dentro insomma c'è un po' di tutto, dai calendari con le immagini dei gruppi pop anni '70, alle carte da poker con le foto dei giocatori di calcio, dai libri di cucina alle tazzine di caffè, dal portabanane in plastica ai peluche "pipì e pupù" (proprio così!). Chiunque può vendere la propria invenzione (brevettata) a questo negozio, che la mette poi sul mercato. Adiacente a Design Torget si trova un negozio presente un po' ovunque a Stoccolma: si tratta di Åhléns (http://www.ahlens.se/), una sorta di rinascente svedese. Sali adesso al piano superiore di Sergels Torg e cerca Drottninggatan, una lunga via pedonale che, presa verso sud porta al Riksdagshuset e quindi alla Gamla Stan, passando attraverso una quantità eccessiva di negozi turistici, mentre presa verso nord porta fin quasi alla piazza di Odenplan. Inizia a percorrere Drottninggatan proprio in direzione di Odenplan, verso nord: al numero civico 57, troverai un simpatico negozio dove è possibile trovare ogni genere di trucco, maschera e vestito di carnevale: si chiama Butterix (http://www.buttericks.se/) ed una visita al suo interno può rivelarsi un divertente passatempo. Al numero civico 56 invece, all'interno dello shopping mall c'è la Caffetteria del Corso, dove puoi gustare un vero caffè espresso italiano, dato che italiana è la nazionalità dei gestori. Prosegui ora lungo tutta Drottninggatan e continua oltre fino a Odenplan, la piazza dominata dalla Gustaf Vasa Kyrkan (metro verde, fermata Odenplan). Qui vicino (a Norrtullsgatan 9), c'è un altro negozio che può rendere lo shopping un'esperienza divertente: si chiama Myrorna (http://www.myrorna.se/), ed è un negozio di cose usate: all'interno di Myrorna puoi trovare, a prezzi bassi, cose di tutti i tipi, da quadri a soprammobili, da oggetti elettronici a vestiti di ogni genere, compresi vestiti di matrimonio o di gala, vestiti la cui moda risulta essere a dir poco originale. Tutto rigorosamente di seconda mano. Odenplan è una piazza molto vivace e frequentata ed anche per la sera offre alcuni locali interessanti tra cui il Tranan, nella vicina via Karlbergsvägen, un pub-ristorante molto apprezzato dai locali.

Ma per continuare il giro di Vasastaden, prendi ora la metro verde (da Odenplan) e raggiungi quella che è secondo me una delle piazze più carine della zona ossia Hötorget (metro verde, fermata Hötorget). Qui, ogni giorno, viene allestito un caratteristico mercato di frutta, verdura e fiori. Ai lati della piazza ci sono vari edifici: da una parte trovi la catena Pub (http://www.pub.se/), un marchio concettualmente simile a Åhléns, ma più elegante e costoso; su un altro lato ci sono ristoranti etnici in grado di soddisfare palati di tutto il mondo. Sul terzo lato si trova l'edificio blu del Koncerthuset, dove vengono suonati concerti di musica classica e non solo. Davanti al palazzo è degna di nota la scultura Orfeus, opera di Milles, uno degli artisti più importanti di Stoccolma: le sue sculture infatti si trovano anche in altre zone della città, oltre che nella sua casa-museo, il Millesgården (vedi capitolo "Zone periferiche"). Infine, a chiudere il quadrato, c'è un cinema multisala ed un mercato coperto: Hötorgshallen. Una visita al mercato coperto è di obbligo: qui ci sono generi alimentari provenienti da ogni parte del mondo e gli ordinatissimi banchetti sono spesso affiancati da piccoli ristoranti. Un piatto da assaggiare è la "fisksoppa" (zuppa di pesce) servita al Kajsas Fisk, un ristorante che prepara anche ottimi piatti di salmone o di calamari fritti. Di zuppa se ne può prendere una seconda porzione così come ci si può servire di pane, acqua e insalata di accompagnamento. In questo ristorante è anche interessante notare una caratteristica comportamentale degli svedesi: guarda cosa succede non appena finiscono di mangiare: non si soffermano mai al tavolo per una chiacchiera aggiuntiva, ma subito si alzano e se ne vanno. Gli svedesi infatti amano mangiare fuori e i ristoranti sono sempre pieni, ma più che come occasione sociale, il momento viene sfruttato per quello che è lo scopo originario di nutrirsi. In questo posto il fenomeno è estremizzato dal momento che il locale è molto piccolo e, se tutti "perdessero tempo" a fine pasto, non sarebbe possibile, per i tanti clienti in fila, sedersi per mangiare. Ma torniamo ora al punto di partenza, Sergels Torg. Per tornare nella famosa piazza con l'obelisco di vetro facendo una strada diversa da quella dell'andata, puoi prendere Sveavägen , un'altra via dal sapore commerciale. Arrivato in piazza percorri ora Hamngatan: su questa strada si affacciano i grandi magazzini NK (http://www.nk.se/) ed il centro commerciale Gallerian, all'interno della quale c'è Montis, un'ottima gelateria italiana (ma con i prezzi decisamente svedesi) ed un bar (al piano inferiore) che fa ottimi panini, lo Stash, gestito da una signora italiana: se le farai notare di essere suo connazionale, ti offrirà il caffè a fine pranzo. All'interno di Gallerian c'è anche il miglior banchetto di muffin della città. C'è poi una miriade di negozi, dal già citato Åhléns, a Clas Ohlson (http://www.clasohlson.se/), un negozio di articoli per la casa, da H&M (http://www.hm.com/), noto per i vestiti a BR (http://www.br-leksaker.se/), il paradiso per i bambini, un negozio di giocattoli su due piani, oltre a tanti altri. Se invece sono gli articoli sportivi ad interessarti, esci da Gallerian (avendo l'accortezza di uscire dallo stesso lato dal quale sei entrato) e attraversa la strada: qui c'è il negozio che fa per te: Stadium (http://www.stadium.se/).

Dopo una così intensa attività di shopping, forse il tuo unico desiderio diventa ora quello di liberarti dei negozi e goderti una passeggiata all'aria aperta: scendi allora lungo Hamnagatan e percorrila tutta fino a raggiungere Kungsträdgården (il giardino del re) (metro blu, fermata Kungsträdgården). E' una lunga piazza che, provenendo da

Hamnagatan, ti apparirà sulla destra. Qui c'è un centro di informazioni turistiche, e dei ben curati giardini. D'inverno viene allestita una pista per pattinaggio su ghiaccio, per cui se ti vuoi cimentare, ti sarà sufficiente affittare un paio di pattini. In primavera, a fine aprile, lo scenario è del tutto diverso: se sei fortunato e capiti nella settimana di fioritura degli alberi (generalmente l'ultima settimana di aprile) vedrai un vero e proprio spettacolo rosa e bianco. Peccato che nel giro di una settimana le foglie verdi sostituiscano questo tetto floreale.

A Kungsträdgården vale anche la pena di dare un'occhiata alla fermata dell'omonima stazione metro in quanto è stata decorata a tema: l'ambientazione riprodotta è quella di un sito archeologico romano con finti marmi e colonne in stile imperiale: è un qualcosa di surreale. L'abbellimento delle stazioni metro è in realtà una caratteristica di tutta Stoccolma (ed in particolare della linea blu), tanto è vero che vengono addirittura organizzati appositi tour per visitarne le più belle e particolari.

Per concludere il giro di Vasastaden, torna in superficie e attraversa tutto il Kungsträdgården fino a raggiungere lo Stromkajen, punto di partenza di alcuni battelli turistici. Poco più in là, in direzione di Skeppsholmen (l'isola di cui ti parlavo nel capitolo "I panorami di Stoccolma/Stoccolma da terra"), c'è il Nationalmuseum ma te lo consiglio solo se sei un vero appassionato d'arte visto che, oltre ad un paio di opere di Rembrandt e Manet, non si conta un gran numero di quadri d'eccellenza. Ti suggerisco invece di tagliare per Stallgatan e raggiungere così un altro importante punto di partenza per le imbarcazioni, il Nybrokajen sulle cui rive, nelle belle giornate, è facile trovare molti svedesi nell'atto di prendere il sole. Al

Nybrokajen vengono spesso installate mostre fotografiche all'aperto, all'interno del Berzelii Park: attraversalo in modo da lasciarti sulla sinistra il Berns (famosa discoteca della città) e ritrovarti su Hamnagatan in modo da chiudere quindi il giro e tornare ancora una volta su Sergels Torg.

Södermalm (cartina pag. 81)

Cosa distingue Södermalm dagli altri quartieri di Stoccolma? Prova a chiedere in giro: chi ti dice che è il quartiere degli artisti, con la sua aria un po' bohemien, chi ti dice che è il quartiere del divertimento con i tanti pub e disco-pub, chi infine ti dice che è il quartiere della moda e del design. Uno storico ti dirà che è un ex quartiere operaio ora frequentato anche da artisti e studenti.

Tutte queste definizioni sono vere: Södermalm è negozi di design, pub, ristoranti, vie e piazze per lo "struscio", divertimento notturno e strade affollate.

Ma Södermalm è anche tutto altro. E' intimista, è vicoli, è scorci. Strade deserte. Piccole casette in legno. Chiese.

Se non ci credi, inizia il tuo giro da Tantolunden (metro rossa, fermata Zinkensdamm): si tratta di un piccolo gioiello di Södermalm: un parco ospitante tante piccole casette in legno, rosse, blu o gialline, la tipica immagine della Svezia di campagna. Attraversa il parco e raggiungi Tantolundsvägen, che puoi percorrere fino ad arrivare sulla riva di quello che sembra un canale, ma che è in realtà parte del lago Mälaren; prosegui la tua passeggiata lungo la sponda (Hornstull Strand) e goditi il panorama con questa sorprendete natura nascosta tra i palazzi di un quartiere che per il resto è molto edificato. Se infatti prosegui lungo Hornstull Strand, raggiungi la base di un grande ponte, il Liljeholmsbron, risalendo il quale ti trovi nuovamente in mezzo a strade trafficate e imponenti palazzi. In zona puoi trovare una chiesa, la Högalidskyrkan ed il relativo parco, Högalidsparken (metro rossa, fermata Hornstull). Proprio lì davanti, inoltre, c'è un bar molto particolare: si chiama Cafè dello Sport, è gestito da due signori siciliani e, più che un bar, è un piccolo stadio: tifosissimi del Palermo infatti, i due gestori hanno dotato il locale di TV sintonizzate sul campionato italiano per cui, ogni domenica pomeriggio, una piccola comunità di irriducibili tifosi appassionati di calcio, si riunisce a celebrare il rito del calcio, uno sport che in Svezia non è invece affatto seguito. I pochi svedesi che frequentano il locale si divertono ad osservare come per gli italiani il calcio sia concepito quasi come una religione. Il pub è tappezzato di sciarpe, bandiere e poster del Palermo, ma non solo: praticamente tutte le squadre del campionato italiano sono rappresentate ad eccezione della odiatissima Juventus.

Nelle vicinanze del Cafè dello Sport e della Högalidskyrkan, c'è il Västerbron, un lungo ponte che collega l'isola di Södermalm con quella di Kungsholmen. Attraversarlo vuol dire poter godere di una vista spettacolare su tutta la città. E non è l'unico punto panoramico di Södermalm. Come già detto nel capitolo "i panorami di Stoccolma/Stoccolma da una collina" infatti, questo quartiere offre moltissimi punti di osservazione sulla città, tra cui il Katerina Hissen, il cui nome ricorda quello della vicina Katarina Kyrka, una delle chiese più importanti della zona, sebbene non sia particolarmente bella. Come già accennato d'altronde le chiese qui sono tutte protestanti, e di conseguenza non presentano opere d'arte di particolare importanza. Proprio a Södermalm comunque c'è anche una chiesa cattolica, la Katolska Domkyrkan, dove vengono celebrate messe in varie lingue e persino una moschea, la Mosque and Cultral Centre, entrambe in zona Medborgarplatsen.

Ed è proprio Medborgarplatsen (metro verde, fermata Medborgarplatsen) il vero cuore pulsante di Södermalm; la piazza sorge nel punto di incontro delle due vie Götgatan e Folkungagatan, entrambe piene di negozi e perfette per un pomeriggio all'insegna dello shopping. Per comprendere appieno il senso di Medborgarplatsen, è d'obbligo osservare cosa succede in questa piazza durante le lunghe sere del fine settimana. A partire dal tardo pomeriggio di tutti i venerdì e sabato sera dell'anno infatti, e fino a notte inoltrata, centinaia di giovani si danno appuntamento qui, per un aperitivo e poi per la cena ed infine per andare a ballare in qualche locale. Il tasso alcolico è decisamente elevato e, da una certa ora in poi, è praticamente impossibile incontrare qualcuno ancora sobrio.

I locali in questa zona sono tantissimi: uno dei più famosi è il Kvarnen, che viene persino citato da Stieg Larsson nei libri della sua trilogia su Lisbeth Salander, grazie alla quale l'autore svedese è divenuto famoso postumo. Al Kvarnen è possibile mangiare (è infatti un ristorante con cucina tipica svedese), bere (è infatti un pub) e ballare (è infatti una discoteca), per cui si può passare un'intera serata dall'aperitivo alle danze finali nel medesimo locale. Ma a Södermalm, ce n'è veramente per tutti i gusti e le cucine di tante diverse etnie sono ben rappresentate. A chi piace il sushi, proprio vicino a Medborgarplatsen, c'è Akki Sushi, il migliore di Stoccolma (anche se c'è chi invece dice sia il Ki-Mama vicino Odenplan). Per gli italiani nostalgici della pizza invece c'è Da Luigi (metro rossa, fermata Mariatorget): la pizza qui è molto buona ed è preceduta da un antipasto offerto di crauti dal gusto molto poco italiano, ma dal trend decisamente svedese; se vuoi provare un'esperienza molto scandinava, abbi il coraggio di ordinare la pizza tropicale (guarnita con banana e ananas).

Per i palati francesi c'è l'ottima creperia Fyra knop, in una traversa di Gotgatan (metro verde o rossa, fermata Slussen). Per chi è alla ricerca di un menù dai sapori mediorientali invece consiglio il Tabbouli, ottima cucina libanese accompagnata, in alcune serate, dalla danza del ventre. Per i vegetariani c'è il già citato Hermans, mentre per chi non bada a spese il fascinoso Gondolen.

Ma anche per il dopo cena è molto facile scegliere il proprio locale tra le decine di pub e locali di vario tipo. Uno molto particolare è il Vampire Lounge (metro verde, fermata Medborgarplatsen), con ambientazione assolutamente dark e retrogusto horror. Il divertimento è assicurato anche al Debaser (metro verde, fermata Slussen) e al Mosebacke, dove vengono organizzate vari tipi di serate e dove, nelle sere d'estate, è possibile godere di uno dei migliori panorami di Stoccolma (vedi capitolo "I panorami di Stoccolma/Stoccolma da una collina"), rigorosamente con una birra tra le mani. Al Mosebacke segnalo anche il ricco brunch della domenica mattina quando, ad accompagnare i commensali, c'è del buon jazz suonato dal vivo. Il brunch prevede il pagamento di una quota fissa che da diritto ad un piatto che puoi riempire a tuo piacimento: ci sono cibi salati (salmone polpette, wurstel, patate, crauti) e cibi dolci, in primis i "pannkakor", frittelle

55

dolci guarnite con marmellata di mirtilli e panna. Il brunch è, in fin dei conti, un vero e proprio lunch, dal quale si esce con la pancia decisamente piena.

Come avrai notato, molte delle cose citate in questo capitolo si trovano nella zona di Slussen. E' da qui che parte Gotgatan, l'importante via che taglia in due Södermalm, ed è qui che partono molte linee bus, oltre che essere fermata di entrambe le metro verde e rossa. Si tratta dunque di un crocevia fondamentale: se guardi il complicato intrico di strade che si diramano in rampe ed incroci rimani spaesato. Pensa che gli svedesi hanno inaugurato questa complessa struttura nel lontano 1935 in stile modernista, ma ora questa imponente costruzione stradale non piace più e nell'aria c'è un'idea di ristrutturazione del piazzale di Slussen.

Djurgården (cartina pag. 82)

Come ti immagini la Svezia? Come la scrive uno svedese e come la legge uno straniero? Nell'isola di Djurgården troverai le risposte a queste domande: qui infatti ci sono ben due musei il cui scopo è proprio quello di presentare la Svezia. Il primo si chiama Nordiska museet (tram 7 o autobus 69, fermata Nordiska museet/Vasamuseet), ma non mi ci soffermerei, in quanto forse il palazzo esterno è migliore del contenuto. Il secondo invece, è molto interessante ed è un museo molto particolare, tanto che la definizione stessa di museo non basta: lo Skansen (tram 7 o autobus 69 fermata Skansen) non è infatti racchiuso da quattro mura ed è per questo che è molto importante che tu scelga una bella giornata per andarci perché la pioggia o il freddo intenso potrebbero rovinare una visita altrimenti piacevolissima. Lo Skansen dunque è un enorme museo all'aperto, un giardino all'interno del quale troverai le ricostruzioni fedeli di varie tipologie di edifici svedesi, dalla casa di campagna alla bottega artigianale, dal vecchio mulino, all'aia con tanto di animali domestici. C'è inoltre tutta una parte zoologica dedicata agli animali il cui habitat è costituito dalle regioni del nord e quindi renne, alci, lupi, orsi e così via. Il divertimento è assicurato: si può entrare nella casa dove fanno il pane, o entrare nella bottega del fabbro per vedere come veniva lavorato il ferro, o si può semplicemente passeggiare nei viali alberati, lasciandosi stupire dai giochi degli orsi o dall'improvvisa apparizione della lince. All'interno dello Skansen c'è anche un acquario che richiede purtroppo il pagamento di un ingresso a parte, ma la cui visita è molto interessante: tra gli altri animali anche alcune specie non acquatiche come ad esempio i simpaticissimi lemuri. Allo Skansen infine si celebrano tutte le maggiori festività svedesi, tra le quali la notte di Valborg e Midsommar, oltre che capodanno ed altre festività. A Natale vengono installati gli immancabili mercatini.

Lo Skansen dunque è un parco cittadino da non perdere ed è contenuto a sua volta da una parco di dimensioni maggiori che è il Djurgården, da cui prende nome l'isola su cui si sviluppa. Volendo è possibile fare una estesa passeggiata lungo tutto il suo perimetro.

Ma il Djurgården offre notevoli attrattive anche nei giorni di pioggia! Quale occasione migliore, in caso di maltempo, per visitare il Vasamuseet? Si tratta senza dubbio del museo più interessante di Stoccolma: esso è tutto costruito attorno ad una nave da guerra che, appena varata, nel 1628, subito affondò senza neanche riuscire ad uscire dal porto di Stoccolma. Un'insieme di condizioni ambientali favorevoli tra cui la bassa salinità dell'acqua e la temperatura fredda, permise al vascello di non deteriorarsi nel tempo per cui quando venne recuperato nel 1961 era praticamente intatto. L'immenso vascello val bene una visita, arricchita dai mille particolari storici e dalle tante aggiuntive informazioni che il museo offre al visitatore, tra le quali un interessante video su come sia stato effettuato il recupero del vascello dal mare.

Di ben minore interesse è il Junibacken, il quale però mostra un altro scorcio di cultura svedese piuttosto importante e particolarmente gradito dai bambini: si tratta infatti del museo dedicato alle avventure di Pippi Calzelunghe, personaggio fuoriuscito dalla mente della scrittrice svedese Astrid Lindgren. All'interno, durante il percorso, si prende una sorta di "trenino volante" che diverte moltissimo i piccoli visitatori.

Per gli adulti appassionati di giostre vere e proprie invece c'è, qualche centinaia di metri più in là, il Gröna Lund Tivoli, il parco dei divertimenti di Stoccolma. Piccolo, ma ricco di attrazioni, il Tivoli Gröna Lund non presenta alcun tipo di tematizzazione. Piuttosto si presenta come un luna park vecchio stile tanto è vero che viene pagata ogni singola attrazione (oltre che un biglietto di ingresso iniziale). Le attrazioni più interessanti (specialmente per gli amanti dell'adrenalina) sono il roller coaster Jetline, costituito da discese mozzafiato (in particolare la seconda), l' Insane, un coaster molto particolare, e la torre Fritt Fall (vedi capitolo "I panorami di Stoccolma/Stoccolma da una torre").

Appena oltre il Gröna Lund, ed intorno al parco giochi, non ti negare un giro per le stradine dei dintorni: passerai così dalle affollatissime strade del luna park ai deserti vicoletti di un quartierino molto affascinante, che secondo me è tutto da scoprire ed è sottovalutato dalle guide turistiche.

Il Djurgården è natura e divertimento, cultura e relax, un'isola e un quartiere, una scoperta continua per la quale potrebbe non bastarti un solo giorno di visita. Organizzati bene dando la priorità alle cose più belle e facendo affidamento sulle previsioni del tempo. Oppure, semplicemente, lasciati ispirare da ciò che hai attorno...

Skeppsholmen (cartina pag. 83)

La piccola isola di Skeppsholmen sembra essere stata messa apposta lì per permettere di passeggiare tranquillamente godendosi il panorama dell'intera città. Ti rimando infatti al capitolo "I panorami di Stoccolma/Stoccolma da terra" per la sua descrizione. E' chiamata anche isola dei musei, il motivo te lo lascio immaginare.

Kungsholmen (cartina pag. 84)

C'è chi lo definisce il più bel monumento dei paesi nordici.

Sicuramente è il palazzo più rappresentativo della città. E' lo Stadhuset, il municipio (autobus 3, fermata Stadshuset), a dominare la punta ovest dell'isola di Kungsholmen facendosi ammirare da praticamente qualsiasi punto della città, costante punto di riferimento da mantenere per facilitare l'orientamento. Le stanze interne dello Stadhuset sono visitabili e direi che vale la pena acquistare un biglietto d'ingresso. La blu hall (che in realtà è rossa perché il progetto originario di farla blu non è stato poi realizzato) e la golden hall sono entrambe bellissime sale, così come anche il giardino interno ed il colonnato che si affaccia sul lago Mälaren. All'interno dello Stadhuset si celebra ogni anno una cena con i vincitori del premio Nobel, ma anche tutti i nuovi ricercatori che ogni anno arrivano a Stoccolma per lavorare nel campo scientifico vengono invitati qui per una cena di benvenuto: ognuno di loro sognerà, un giorno, di tornare nel medesimo posto insignito di un premio Nobel.

Se la temperatura è gradevole ed è una bella giornata, lascia ora lo Stadhuset e dirigiti su Norrmälarstrand: percorri quindi il viale che costeggia il lago e goditi la passeggiata fino al piccolo parco chiamato Rålambshovsparken. Guardati attorno: quanti passeggini vedi? Quante mamme con i loro bambini? Stai scoprendo un'altra realtà svedese: qui il tasso di natalità è altissimo ed i neonati non sono certo una rarità. La politica sociale svedese riconosce molti diritti alle mamme e ai loro bambini. Ecco perché è così frequente vedere coppie giovanissime con uno o più figli. Ed ecco perché ovunque tu vada incontri passeggini e carrozzine, anche su autobus e metropolitane ed anche con il cattivo tempo. Fai caso come anche nei ristoranti ci siano sempre seggioloni e menù riservati ai più piccoli, così come aree giochi all'interno di musei e chiese. Qui nulla viene mai lasciato al caso.

Non c'è molto altro nel quartiere di Kungsholmen, ma un posto dove prendere una birra serale voglio proprio suggerirtelo: è l' Olè olè, lungo Hantverkargatan (metro blu, fermata Rådhuset), una birreria spagnola gestita da spagnoli dove il divertimento ed il calore mediterraneo non mancano. Le Tapas a dire il vero sono un tantino pesanti, ma bere una Cerveza e chiacchierare con il simpaticissimo gestore del locale non ha prezzo ! A volte inoltre gli abitanti spagnoli di Stoccolma affollano il locale rendendo le serate particolarmente vivaci e allegre. Olè !

Östermalm (cartina pag. 85)

Immagina un tipico ponte su un fiume: sarà probabilmente un arco che va da una sponda all'altra. Di questo tipo è il ponte che si può osservare dal punto di incontro delle vie Kungsgatan e Sveavägen (metro verde, fermata Hötorget), solo che al posto del fiume c'è una strada, Kungsgatan stessa. Quell'arco è la porta di ingresso per l'elegante quartiere di Östermalm: passaci sotto e percorri la discesa. Nota la presenza di cinema multisala (come il Rigoletto) e discoteche (come l'Ambassadeur): stai entrando nel regno del divertimento notturno di Stoccolma, il cui centro virtuale è Stureplan, la piazza nella quale Kungsgatan arriva. Stureplan (metro rossa, fermata Östermalmstorg) è un luogo da frequentare il venerdì o il sabato notte perché è qui che si concentra la movida della città. Per avere un'idea dei locali della zona, è sufficiente cliccare sul sito che li raggruppa tutti: http://www.stureplansgruppen.se. Si tratta di un vero e proprio business che comprende molte discoteche chic con selezione all'ingresso. I prezzi per entrare non sono elevati, a differenza

61

dei drink venduti al loro interno, ma vestirsi adeguatamente può non essere sufficiente per i rudi buttafuori che tendono a privilegiare l'ingresso agli svedesi. A differenza degli altri locali che chiudono all'una, queste discoteche rimangono aperte tutta la notte e c'è solo l'imbarazzo della scelta: White room, Laroy, The Lab o l'esclusivo Spy Bar. Posti da sogno per italiani (e non solo) a caccia di bellezze scandinave: "ballano, le svedesi portano, minigonne pallide", come cantano i Baustelle. I giovani si danno appuntamento al fungo, al centro della piazza di Stureplan, attorno al quale c'è grande animosità durante tutta la notte. La musica sembra non voler mai smettere e, che sia inverno o estate, qui non ci si ferma mai.

Östermalm è un quartiere che emana ricchezza e questo lo si può facilmente notare durante lo shopping giornaliero, il cui fulcro è identificabile nella Sture Gallerian (ingresso da Stureplan): qui vieni letteralmente bombardato di luci e colori ed il consumismo ti viene spiattellato addosso, seppur con classe e stile. Non si tratta di semplici negozi, ma di lussuose boutiques. Percorrendo tutta la galleria ed uscendo dal lato opposto, ti ritrovi in Grev Turegatan: percorrila fino a raggiungere Humlegårdsgatan, all'altezza della quale gira a destra in modo da arrivare a Östermaltorg: in questa piazza trovi un mercato al coperto, l'Östermalms Saluhall. Adesso immagina le caratteristiche di un tipico mercato in Italia: caos e prezzi popolari. Il Saluhall è esattamente l'opposto di questo: ordine e prezzi elevati.

Per completare un piccolo giro di Östermalm, ti consiglio di scendere verso il mare fino al Nybrokajen: passa davanti al Kungliga Dramatiska Teatern (nota la presenza di una statua che, a toccarla, risulta calda), e goditi la passeggiata lungo il mare percorrendo Strandvägen, tra i signorili palazzi sul lato sinistro e le barche ormeggiate alla destra. Arrivato poi all'altezza del ponte del Djurgården puoi voltare a sinistra (Narvavägen) e spingerti fino a Karlaplan o anche oltre fino al grazioso parco Humlegården.

Quartieri periferici

Stoccolma città è questa (cartina pag. 78): Gamla Stan (il nucleo storico), Vasastaden e Normalm (la zona moderna commerciale), Kungsholmen (l'isola dello Stasdhuset), Djurgården (l'isola dello Skansen) Östermalm (il quartiere chich) e Södermalm (il quartiere bohemien). Ma le periferie di Stoccolma sono in realtà molto estese e anche "fuori città" ci sono molte cose interessanti. A cominciare da università e istituti di ricerca: su Valhallavägen sorge il Kungliga Tekniska Högskolan (KTH), (Metro rossa, fermata Tekniska Högskolan), mentre più a nord, su Roslagsvägen, nasce la Stockholms Universitet (metro rossa, fermata Universitet). Sempre a nord, ma più spostato verso ovest invece, su Solnavägen c'è il noto Karolinska Institutet, (KI) (autobus 3, fermata Karolinska Institutet). Vale la pena dare un'occhiata ai campus di questi istituti. Tutti immersi nel verde. Edifici gradevoli alla vista. Atmosfera bucolica e rilassata. Qui lo studio ed il lavoro sono agevolati sotto tutti i punti di vista. I dipartimenti non sono semplici luoghi di lavoro, ma hanno aree relax, la cucina per prepararsi il pranzo, stanze per la meditazione, sauna, palestra. Inoltre sono tantissime le attività extralavorative organizzate: tornei sportivi, pub, feste. I lavoratori vengono messi nelle migliori condizioni psicofisiche per esercitare al meglio la loro professione, e tutti coloro che provengono da un paese estero vengono aiutati, attraverso corsi introduttivi, a districarsi attraverso tutte le possibili difficoltà cui potrebbero venire incontro. Nel campo tecnico scientifico la Svezia sembra dare il meglio di sè. Il Paese investe sulla ricerca e strutture come il Karolinska (che ha appena compiuto 200 anni dalla sua fondazione) sono in continua espansione: un grande progetto infatti prevede la costruzione di nuovi edifici amministrativi e scientifici nell'area intorno al campus attuale.

A lambire tutte le tre strutture universitarie (KTH, KI e Universitet) sono le acque di un fiordo naturale, un vero angolo di paradiso sul quale si affaccia quello che secondo me è il più bel parco cittadino di Stoccolma, Hagaparken (cartina pag. 86), all'interno del quale passeggiare è sempre un piacere in tutte le stagioni. Fra gli alberi si aprono d'improvviso grandi prati, e varie altre sorprese sono nascoste dietro l'angolo: tra queste la Fjärilshuset (casa delle farfalle) con le sue serre, vasche piene di pesci di vario genere e, ovviamente, centinaia di farfalle di tante specie diverse. L'attrazione maggiore di Hagaparken rimane comunque l'acqua del suo lago, che in realtà è un lembo di mare che si incunea in un fiordo. In inverno queste acque gelano e sono decine e decine gli svedesi che si cimentano nel passeggiare o pattinare sul ghiaccio: addirittura puoi incontrare, nel bel mezzo del lago ghiacciato, il baracchino che vende Korv (gli hot dog locali)! Lo spessore del ghiaccio viene regolarmente controllato in modo da evitare il rischio che possa cedere sotto il peso di questo via vai cittadino. D'estate ai pattinatori si sostituiscono i canoisti. Sulla sponda destra del lago infatti c'è un centro canottieristico che affitta kajak e altre imbarcazioni, il già citato Brunnsviken Kanotklubb (metro rossa, fermata Universitet). Qui non siamo più all'interno di Hagaparken, ma ci troviamo nei parchi di Albano e Frescati: già ! Hai capito bene ! Albano e Frescati ! Non siamo nei dintorni di Roma, ma è proprio dai Colli Albani che il re Gustavo III si fece inspirare quando diede il nome a questi paradisiaci parchi. Inoltrati al loro interno: proseguendo oltre lungo il sentiero che parte dal Brunnsviken e costeggiando la riva (tenendo il lago sulla sinistra), dopo alcune curve noterai che la vegetazione cambia; anzi, osservando bene ti accorgerai che ogni albero, o pianta, ha sotto di se un cartellino che la identifica: sei entrato nel Bergianska Botaniska Trädgården (metro rossa, fermata Universitet o autobus 40), l'orto botanico di Stoccolma, uno splendido giardino ricco di piante di tutti i tipi e comprendente anche varie serre (per queste ultime è necessario un biglietto di ingresso). Come vedi, la natura, per gli svedesi, è un elemento di grande rilevanza e l'insieme di Hagaparken, Albano e Frescati (il Norra Djurgården) forma il più grande parco cittadino europeo. Una tale celebrazione di madre natura non poteva farsi negare l'immancabile museo ad essa dedicato, il Naturhistoriska Riksmuseet, un museo di scienze naturali per raggiungere il quale (provenendo dall'orto botanico) basta attraversare la strada (alternativamente metro rossa fermata Universitet, o autobus 40): chicca del museo è il Cosmonova, un enorme teatro Imax con uno schermo a cupola di 760 metri quadrati ove vengono proiettati filmati su dinosauri, abissi marini, missioni spaziali etc. Non è sufficiente il biglietto del museo per accedervi, ma l'esperienza del Cosmonova vale l'acquisto di un biglietto aggiuntivo.

Nonostante gran parte della periferia nord sia immersa

nel verde dei sopracitati parchi, gli spazi verdi non finiscono qui: oltre al famoso Djurgården, sono meritevoli di nota anche altri due parchi: uno è il già citato Skogskyrkogården (vedi capitolo "Le quattro stagioni di Stoccolma/Autunno"). L'altro non è un vero e proprio parco, ma un grande giardino, quello della casa del più importante scultore di Stoccolma: lo scultore è Milles e il giardino è il Millesgården (autobus 203, fermata Millesgården). Di Milles si è già fatto cenno: è suo l'Orfeus, l'opera scultorea che si trova di fronte al Koncerthuset. Il Millesgården è l'insieme di casa e giardino di questo artista. Le sue sculture, tipicamente in ferro non sono certo paragonabili ai marmi che riempiono i musei italiani, ma le opere di Milles hanno il loro fascino ed una visita alla sua casa ed al suo giardino può rivelarsi molto interessante. Un motivo in più per recarsi al Millesgården è di tipo panoramico: il museo infatti si trova nell'isola di Lidingö, che è collegata al resto della città dal Lidingöbron, un ponte dal quale si osserva un paesaggio veramente notevole.

Un altro luogo dal quale osservare uno splendido panorama è lo Skyview del Globen (vedi capitolo "I panorami di Stoccolma/Stoccolma da una torre), un'altra imponente struttura realizzata nella periferia sud di Stoccolma, nel quartiere di Johanneshov.

E per terminare la descrizione di ciò che di interessante puoi trovare nei quartieri periferici, ti suggerisco di visitare, non lontano dal Globen, un quartiere molto particolare: Hammarby Sjöstad. la caratteristica di questo quartiere è quella di essere stato edificato seguendo criteri ecologi di ultima generazione, per cui è un quartiere che vive quasi esclusivamente di energia rinnovabile. Non è esteticamente bello, ma è di certo un quartiere unico: tutti coloro che vivono in Hammarby Sjöstad infatti fanno parte del cosidetto eco-ciclo. Tale eco-ciclo è stato sviluppato dalle compagnie dell'acqua e dei rifiuti di Stoccolma unitesi in una proficua collaborazione. L'obiettivo è quello di minimizzare il consumo di energia e la produzione di rifiuti, massimizzando invece il risparmio delle risorse e il riciclo. Il modello, chiamato Hammarby Model, sembra provenire direttamente dal futuro. Stoccolma e la Svezia veramente non finiscono mai di stupire.

Gite fuoriporta

La città di Stoccolma poggia su 14 isole, ma sono migliaia le isole dell'arcipelago (cartina pag. 77) per cui, volendo trascorrere una giornata al mare, c'è solo l'imbarazzo della scelta. Come puoi immaginare il problema principale è rappresentato dalla temperatura dell'acqua che, anche in estate, rimane piuttosto fredda, almeno in confronto ai canoni mediterranei. Gli svedesi generalmente si dirigono verso sud, ed una delle mete preferite è l'isola di Gotland. Scegliere un'isola comunque è veramente l'ultimo dei problemi. I battelli infatti, ed a volte gli autobus, raggiungono praticamente tutti i luoghi.

Avendo poco tempo a disposizione, una visita classica è quella alla vicina isola di Vaxholm, raggiungibile in battello o tramite autobus. La cittadina è deliziosa; nella stagione estiva c'è una moltitudine di ristoranti, bar e gelaterie tra cui scegliere per rilassarsi tra una passeggiata e l'altra tra le viuzze ed i porticcioli. E' possibile anche visitare la sua fortezza, costruita per scopi difensivi.

Ma se sono i Castelli ad affascinarti sono altri i luoghi che ti consiglio di visitare.
Uno di questi è Drottningholms Slott, la sede dell'attuale residenza estiva del re e della regina svedesi. Il palazzo ed il parco sono entrati a far parte dei patrimoni dell'umanità dell'UNESCO ed una visita è caldamente consigliata. Di particolare bellezza è, secondo me, il Teatro Drottningholm,

che possiede ancora il macchinario originale di scena del '700, mentre è di minor interesse il Padiglione Cinese.

Un altro luogo imperdibile per gli amanti dei castelli è Gripsholms Slott, nella cittadina di Mariefred. Il castello si affaccia sulle acque del lago Mälaren ed i suoi interni sono quasi interamente visitabili.

Per una passeggiata nella natura incontaminata invece, vicino a Stoccolma, suggerisco il Tyresta National Park, un grande parco dominato da abeti e intervallato da splendidi laghetti. Come unica accortezza, ricordati di portare dei panini perché i bar della zona lasciano alquanto a desiderare.

Altrimenti, per una passeggiata nel delirio umano, nei pressi di Stoccolma, nella municipalità di Huddinge, c'è il primo negozio Ikea mai costruito. Da T-Centralen partono degli autobus che ti ci portano gratuitamente, ma non saprei quanto consigliarne una visita. A parte la struttura rotondeggiante invece che quadrata infatti, non è molto diverso da tutti gli altri Ikea sparsi in giro per l'Europa.

Per quanto riguarda le altre città svedesi, nei pressi di Stoccolma, a nord, c'è Uppsala, piccola cittadina universitaria, lì dove la festa di Valborg è un vero e proprio delirio (vedi capitolo "Le quattro stagioni di Stoccolma/Primavera").

Sono più lontane invece le altre due città di rilievo, ossia Göteborg a ovest e Malmö a sud: quest'ultima è la città più meridionale della Svezia ed è da qui che parte il ponte di Øresund che collega la Svezia con la Danimarca, quasi 16 km di tecnologia, il più lungo ponte sospeso d'Europa.

Il grande Nord. In inverno.

E poi...c'è il grande Nord...
Oltre il circolo polare artico la Svezia sembra divenire terra di nessuno. Spazi sterminati di silenzio e oscurità. Recarsi nel grande Nord in inverno è un'esperienza indimenticabile: non c'è solo il famoso albergo di ghiaccio, a Kiruna, ma ci sono posti incredibili: piccoli paesi in mezzo al nulla abitati da poche decine di persone. Le condizioni metereologiche qui sono estreme: il sole, da novembre a gennaio, non sorge mai; le temperature possono arrivare a -30°C e oltre. Il ghiaccio e la neve ricoprono ogni cosa dipingendo il panorama di un solo colore: il bianco.

In estate il sole di mezzanotte è il principale motivo per cui molte persone decidono di dirigersi nella Svezia del nord. Ma vivere il vero Nord, vuol dire andarci in inverno. E sperare di vedere uno dei più incredibili fenomeni della natura: l'aurora boreale.

Abisko è il posto dove la maggior parte delle persone si reca nella speranza di vedere questo splendido fenomeno atmosferico. Ma ci sono luoghi ancora più sperduti e nascosti. Junosuando ad esempio, dove ha casa Mickael (per info http://www.auroraretreat.se/), un ragazzo che gestisce una piccola struttura alberghiera organizzando anche attività quali il dog sledging (la gita in slitta con i cani) o lo sci di fondo o ancora alcune meravigliose passeggiate notturne con le ciaspole ai piedi attraverso i boschi incantati della Svezia settentrionale. Tutte queste meravigliose attività accompagnano la grande speranza, quella di vedere l'aurora.

Scientificamente parlando l'aurora è un fenomeno ottico atmosferico dovuto all'incontro tra il vento solare e l'atmosfera terrestre. Ma soprattutto l'aurora è quella descritta dalle parole di Mauro che l'ha vista e l'ha definita "lo spettacolo della vita. Aloni, bagliori, un immenso anello verde e poi l'apocalisse, il cielo infiammato di vortici bianchissimi e violetto, vampate, danze, il passaggio di un dragone argento, da piangere. E poi tende danzanti, archi, i verdi e i rossi, e infine pennellate di un dio immenso, artista e gioioso, e delicati drappi bianchi, come tende di sipario che si chiude su uno spiraglio di universo...".

Conclusione

Non è facile viaggiare, non credi?

O meglio è facilissimo dal punto di vista pratico: le compagnie low cost permettono di catapultarti dall'altra parte d'Europa in poche ore e ai prezzi di una cena in un ristorante, ed è quindi possibile fare un giro di tutte le capitali del vecchio continente in veloci weekend mordi e fuggi senza dover neanche usufruire di giorni di ferie. Eppure, paradossalmente, è proprio questa facilità che rende difficile viaggiare, senza essere dei semplici turisti.

In due giorni si cerca, ovviamente, di correre da un museo all'altro, camminare per tutto il centro senza mai fermarsi, acquistare chincaglieria turistica negli onnipresenti negozi. Magari ci si serve di tour guidati che, in pochi minuti spiegano storie millenarie ed elaborano uno schizzo molto veloce della città che si sta visitando.

Ho potuto constatare sulla mia pelle che vivere una città è tutt'altra cosa che visitarla. Soprattutto, credo di essere giunto alla conclusione che una città non è tanto quello che è per i suoi palazzi, i suoi monumenti e le sue architetture. Una città è anche e soprattutto i suoi cittadini, la sua popolazione: sono le persone che danno il timbro alle voci atone dei tour turistici, sono le persone che colorano lo schizzo appena abbozzato dalle guide, sono le persone, il popolo, che ha contribuito negli anni a fare di questa città quella che è sotto gli occhi del turista.

E' questo il motivo per cui ho cercato di scrivere questa guida, focalizzando lo sguardo sugli svedesi e sui loro comportamenti, affinché si possa vivere la città come i suoi cittadini la vivono o, quantomeno, per dare una chiave di lettura e permettere di intuire quali sono le differenze negli stili di vita.

Questo è il mio modo di concepire un viaggio, o almeno è con questa propensione d'animo che piacerebbe calarmi nella realtà che vado a visitare, cercando di conoscerla il più possibile e di conseguenza capirla, rispettandone le differenze ed accettando tutte quelle cose che a me sembrano strane, non perché siano strane, ma semplicemente perché sono diverse dalle nostre, e derivano da diverse abitudini e tradizioni.

Durante la mia vita a Stoccolma ho conosciuto moltissimi italiani che l'hanno scelta come casa definitiva. Io invece ho scelto di tornare in Italia, dove attualmente vivo . Nonostante tutte le sue contraddizioni e le difficoltà ed i problemi infatti, continuo a considerare l'Italia casa mia, una sensazione che la Svezia non poteva darmi. Ma il segno che Stoccolma ha lasciato dentro di me è profondo e credo di aver amato questa città, come di un grande amore perduto che non può più tornare, un amore quasi idealizzato ed etereo. Ogni volta che torno a Stoccolma, respiro nuovamente questa sensazione, ritrovo in parte questo amore e me lo rivivo per i pochi giorni che dedico alle mie fugaci visite.

Anche io sono malato di "sindrome di Stoccolma" e, come tutti gli altri che l'hanno lasciata, anche io, a Stoccolma, alla fine, faccio sempre ritorno.

Cartine

Musei e luoghi di interesse

Parchi

Pub, Ristoranti, Divertimento

Shopping

Tunnelbana (Metro)

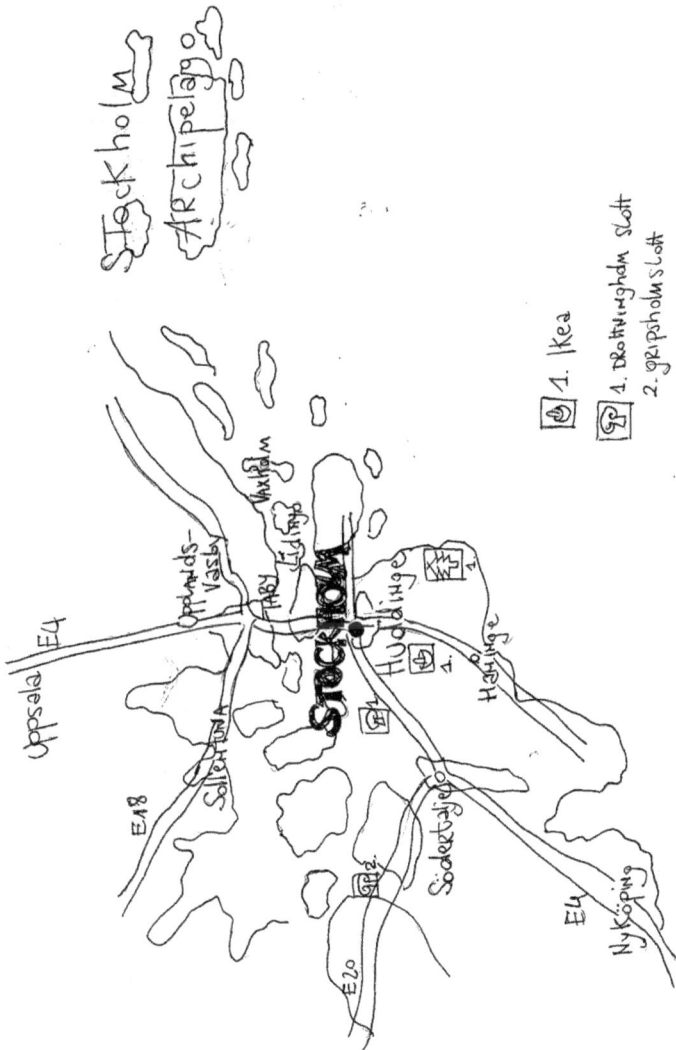

Stockholm Archipelago

Uppsala E4

E18

Sollentuna

Upplands-Väsby

Täby

Lidingö

Vaxholm

Stockholm

E20

E4

Södertälje

Nyköping

Huddinge

Haninge

1. Ikea

1. Drottningholm Slott
2. Gripsholm Slott

1. TYRESTA NATIONEL PARK

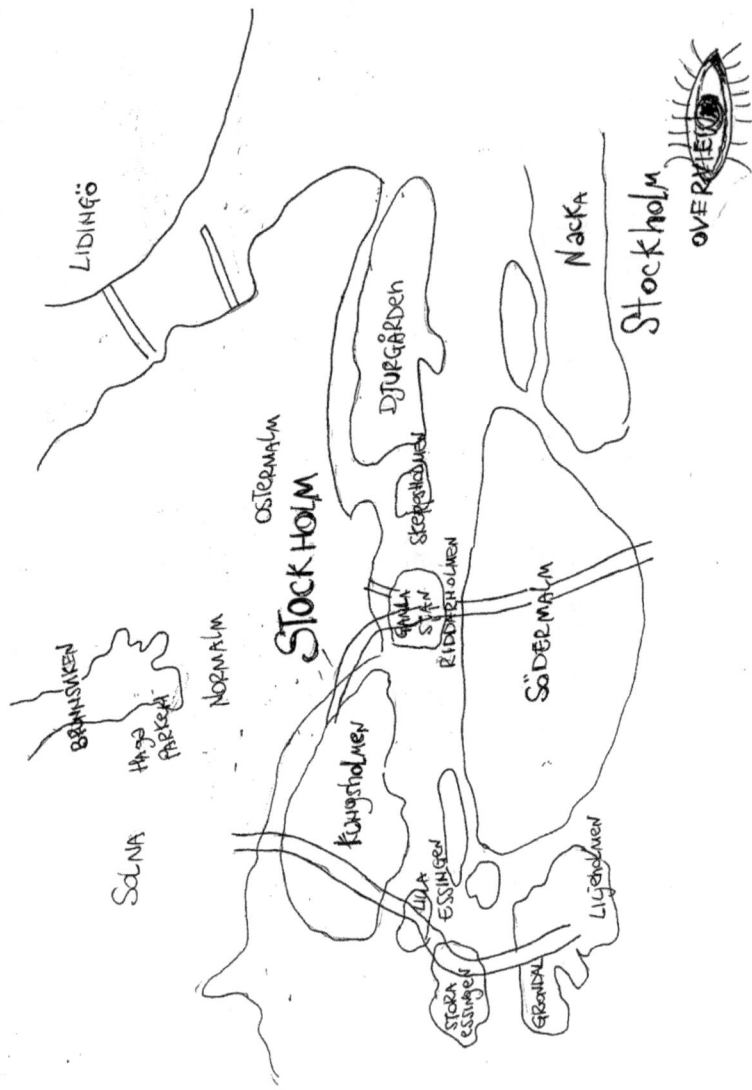

LIDINGÖ

STOCKHOLM

ÖSTERMALM

DJURGÅRDEN

SKEPPSHOLMEN

NORRMALM

BRUNNSVIKEN

HAGA PARKEN

GAMLA STAN

RIDDARHOLMEN

SÖDERMALM

NACKA

Stockholm

OVERVIEW

SOLNA

KUNGSHOLMEN

LILLA ESSINGEN

LILJEHOLMEN

STORA ESSINGEN

GRÖNDAL

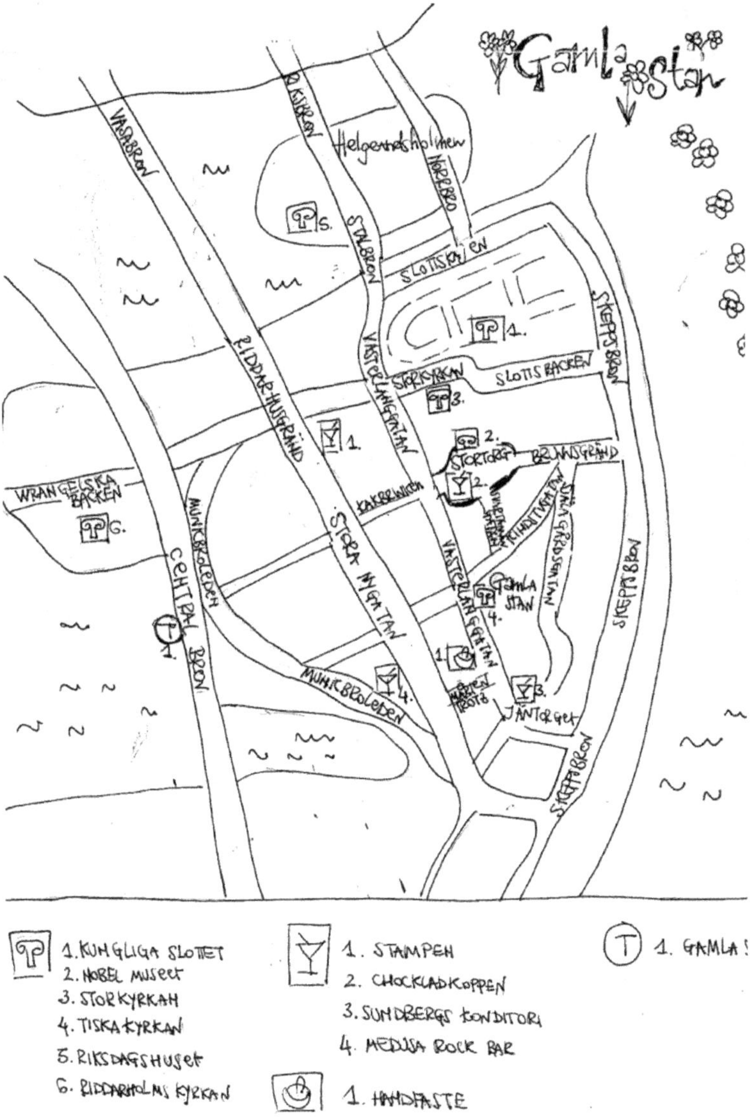
Gamla Stan
Helgeandsholmen
VASABRON
RIKSBRON
NORRBRO
STALBRON
SLOTTSKAJEN
SKEPPSBRON
SLOTTSBACKEN
STORKYRKAN
RIDDARHUSGRÄND
VÄSTERLÅNGGATAN
STORTORGET
BRUNNSGRÄND
KÅKBRINKEN
WRANGELSKA BACKEN
MUNKBROLEDEN
CENTRAL BRON
STORA NYGATAN
GAMLA STAN
MÅRTEN TROTS
JÄRNTORGET
1. KUNGLIGA SLOTTET
2. NOBEL MUSEET
3. STORKYRKAN
4. TISKA KYRKAN
5. RIKSDAGSHUSET
6. RIDDARHOLMS KYRKAN
1. STAMPEN
2. CHOCKLADKOPPEN
3. SUNDBERGS KONDITORI
4. MEDUSA ROCK BAR
1. HANDFASTE
1. GAMLA

VASASTADEN

T 1. T-CENTRALEN
2. ODEN PLAN
3. HÖTORGET
4. KUNGSTRÄDGÅRDEN

1. KULTURHUSET
2. GUSTAF VASA KYRKAH
3. KONSERT HUSET
4. NATIONAL MUSEUM

1. DESIGN TORGET
2. ÅHLENS CITY
3. BUTTERIX
4. MYRORNA
5. PUB
6. HOTORGSHALLEN
7. NK
8. GALLERIAN
9. STADIUM

1. CAFFE DEL CORSO
2. T RANAH
3. KAJSAS FISK
4. MONTTOS
5. STASH
6. BERRS

1. BERZELII PARK

FREDA JA

BIRGER JARLSGATAN

HAMN GATAN

KUNGSTRÄDGÅRDEN

GALLERIAN

SERGELS

HUNGS GATAN

HAVATHALS

BADMANS GATAN

SVEAVÄGEN

HOTORGET

ÅHLENS CITY

FREDSGATAN

OBSERVATORIE LUNDEN

NORRTINGGATAN

KUNGSGATAN

VASAGATAN

STOCKHOLM CENTRAL STATION

ODENPLAN

MORTULS GATAN

ODENGATAN

ODENGATAN TORSGATAN

UPPLANDSGATAN

CITY TERMINALEN

CENTRAL BROM

KALLBERGSVAGEN

VASTMANNAGATAN

VASTMANNAGATAN

TORSGATAN

KLARASTRANDSLEDEN

80

Södermalm

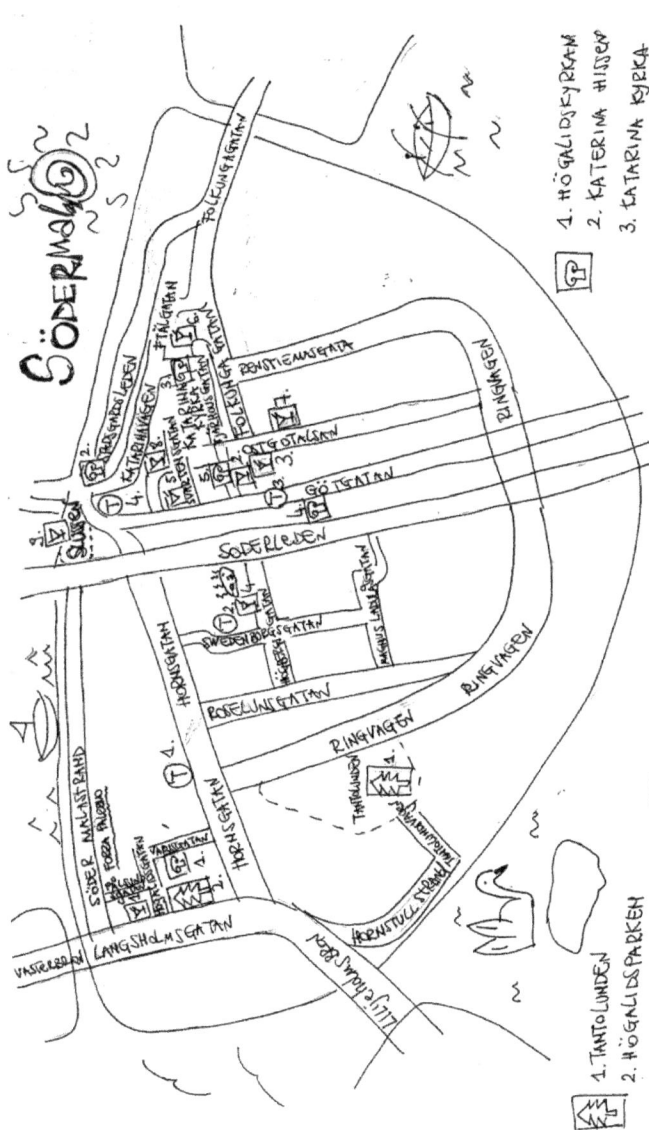

Legend right side:
1. HÖGALIDSKYRKAN
2. KATERINA HISSEN
3. KATARINA KYRKA
4. KATOLSKA DOMKYRKAN
5. Mosque & Cultral Centre

5. FYRA KNOP
6. HERMANS
7. VAMPIRE Lounge
8. MOSEBACKE

9. DEBASER

1. CAFÉ dello SPORT
2. KVARNEN
3. AKKI SUSHI
4. DR. LUIGI

1. ZINKENDAMM
2. MARIATORGET
3. Med BORGARPLATSEN
4. SLUSSEN

1. TANTOLUNDEN
2. HÖGALIDSPARKEN

Street labels:
FOLKUNGAGATAN
PÅLSUNDSGATAN
KATARINAVÄGEN
FJÄLLGATAN
RENSTIERNASGATA
BLECKTORNSGRÄND
KATARINA BANGATA
ÖSTGOTAGATAN
FOLKUNGAGATAN
GÖTGATAN
SÖDERLEDEN
RINGVÄGEN
SWEDENBORGSGATAN
KRUKMAKARGATAN
MAGNUS LADULÅS
ROSENLUNDSGATAN
HORNSGATAN
RINGVÄGEN
RINGVÄGEN
SÖDER MÄLARSTRAND
VÄSTERBRON
LÅNGHOLMSGATAN
HORNSTULLS STRAND
TAVASTGATAN
LILLA HOGSBRO
SÖDRA FÖRRA ALLÉ
VARVSGATAN
BERGSUNDSGATAN
LÖVHOLMSGRÄND

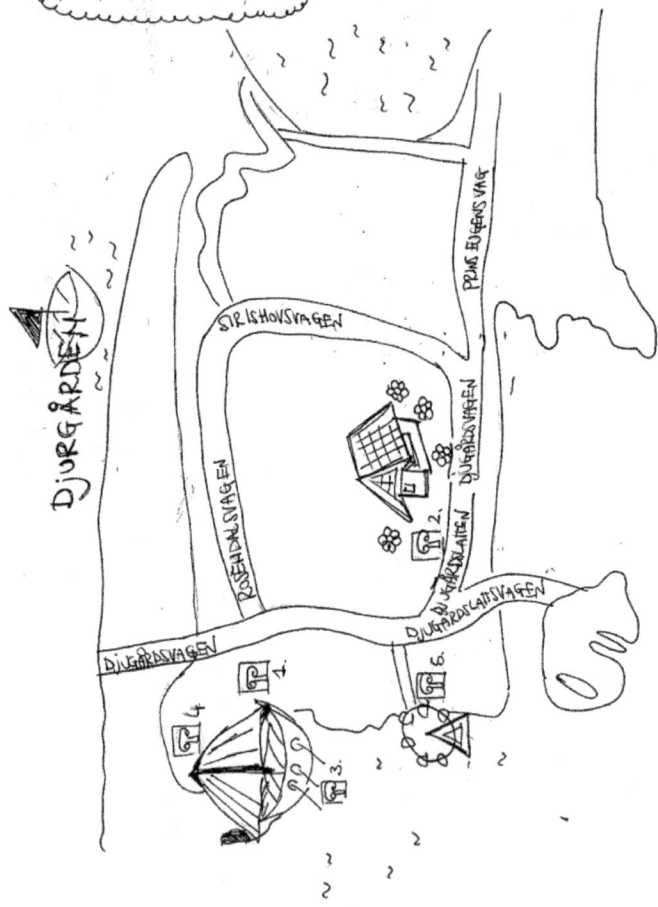

Skepp sholmen

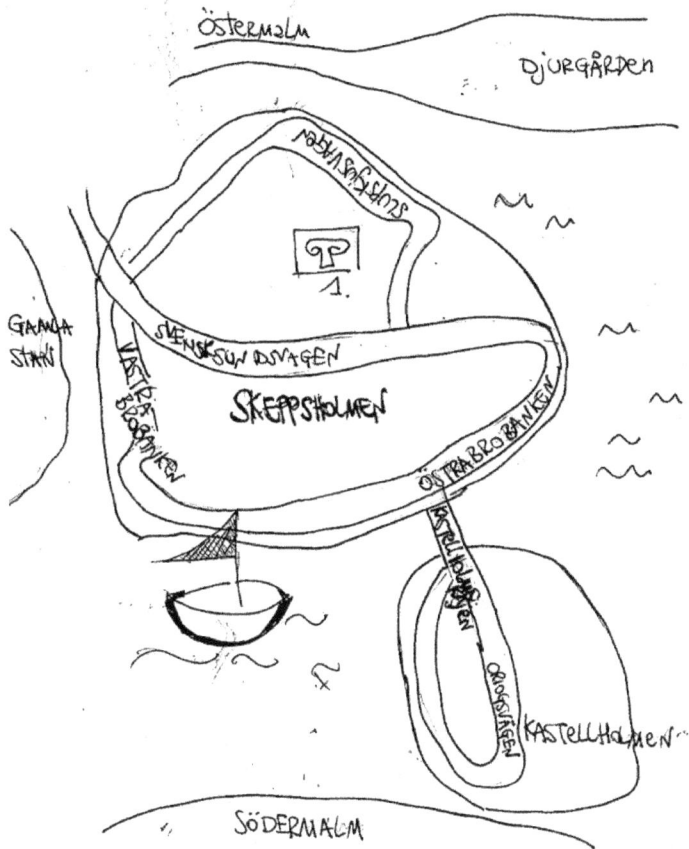

ÖSTERMALM

DJURGÅRDEN

SKEPPSBRON

P
1.

GAMLA
STAN

SVENSKSUNDSVÄGEN

VÄSTRA BROBANKEN

SKEPPSHOLMEN

ÖSTRA BROBANKEN

KASTELLBROVÄGEN

ÖRLOGSVÄGEN

KASTELLHOLMEN

SÖDERMALM

P 1. MODERNA MUSEET

83

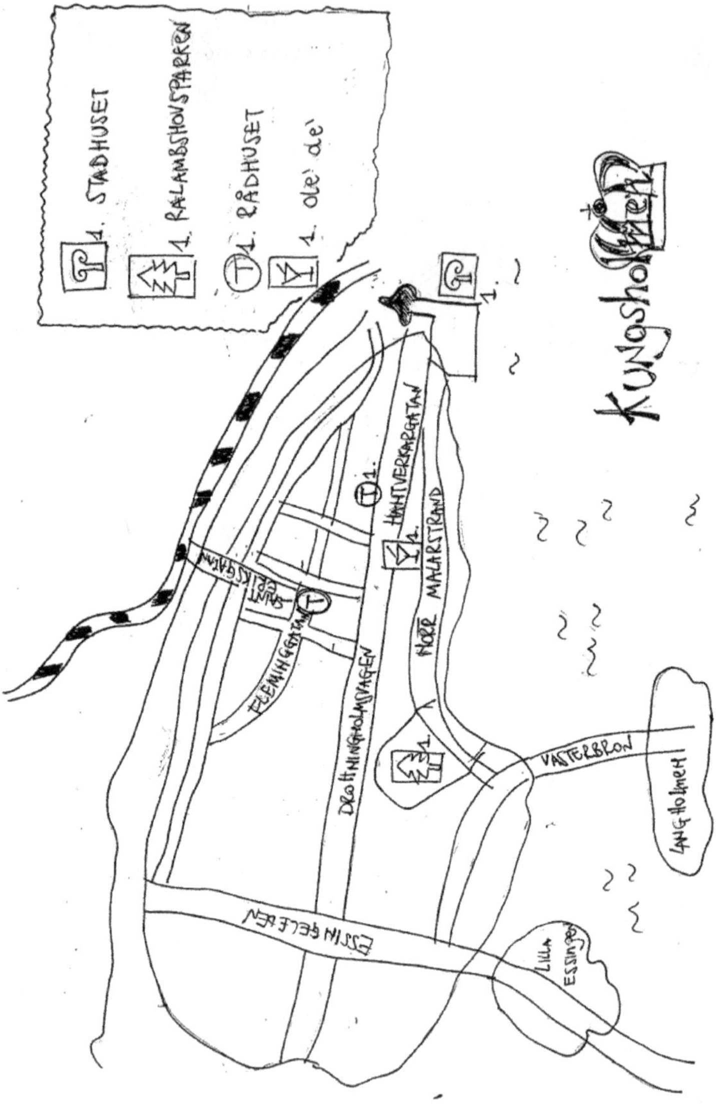

KUNGSHOLMEN

Legend (text on map):

1. STADHUSET
1. RÅLAMBSHOVSPARKEN
1. RÅDHUSET
1. de' de'

HANTVERKARGATAN
NORR MÄLARSTRAND
FLEMINGGATAN
SANKT ERIKSGATAN
DROTTNINGHOLMSVÄGEN
ESSINGELEDEN
VÄSTERBRON
LÅNGHOLMEN
LILLA ESSINGEN

84

ÖSTERMALM

STADION

KARLAVÄGEN

BIRGER JARLSGATAN
ENGELBREKTSGATAN
STUREGATAN
HUMLEGÅRDSGATAN
ÖSTERMALMSTORG

KARLAPLAN
KARLAVÄGEN

KINGSGATAN
STUREPLAN
GREV GATAN
NARVAVÄGEN

STORGATAN

SVEAVÄGEN
SIBYLLEGATAN

HAMNGATAN
STRANDVÄGEN

NYBROGATAN

(T) 1. HÖTORGET
2. ÖSTERMALMSTORG

1. STURE GALLERIAN
2. ÖSTERMALMS SALUHALL

1. AMBASSADEUR
2. WHITE ROOM
3. LABOT
4. THE LAB
5. SPY BAR

1. KUNGLIGA DRAMATISKA TEATER

1. HUMLE GARDEN

85

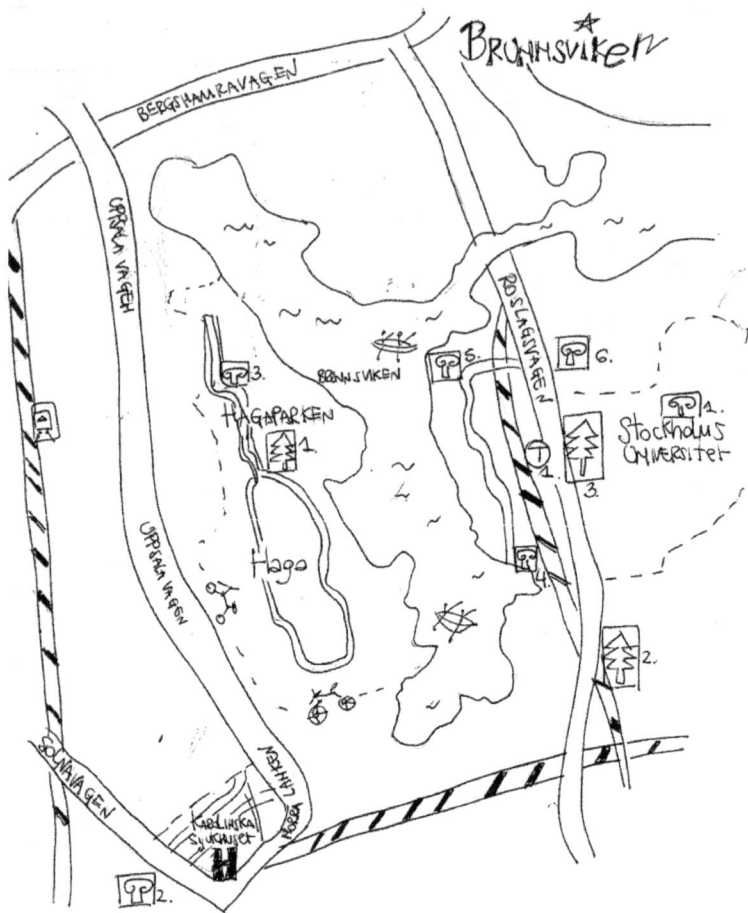

Brunnsviken

BERGSHAMRAVÄGEN

UPPSALA VÄGEN

ROSLAGSVÄGEN

BRUNNSVIKEN

HAGAPARKEN

Haga

Stockholms Universitet

UPPSALA VÄGEN

SOLNAVÄGEN

NORRA LÄNKEN

KAROLINSKA SJUKHUSET

P 1. STOCKHOLMS UNIVERSITET   3. FJÄRILSHUSET   5. BERGIANSKA BOTANISKA TRÄDGÅRDEN
2. KAROLINSKA INSTITUTET   4. BRUNNSVIKEN KANOTKLUBB   6. NATURISKA BASMUSEO

🌲 1. HAGAPARKEN   2. ALBAHO   3. FRESCATI

Ⓣ 1. UNIVERSITET   ▨▨ FERROVIA

Indice Analitico

Sto-ccolma sto-ccolma stoc-colma
si potrebbe andare a Stoccolma
tutti insieme ma andiamo a Stoccolma
tutti insieme ma con calma
sulla nave che porta a Stoccolma
donne bionde con fiori e ghirlande
tanti dischi tante bande
dai andiamo a Stoccolma dove se mangi stai colma
dove potrai dire con calma io sto colma a Stoccolma
sulle strade che vanno a Stoccolma
non c'è buche ne fango ne melma
sulle strade di Stoccolma
noi viviamo in un mondo di melma
dove ogni mattina è una salma
quindi andiamo a Stoccolma
dai andiamo a Stoccolma dove se mangi stai colma
dove potrai dire con calma io sto colma a Stoccolma
dai andiamo a Stoccolma dove se mangi stai colma
dove potrai dire con calma io sto colma a Stoccolma

Rino Gaetano